JN068847

昭和30年代～50年代の地方私鉄を歩く　第6巻

常磐線に沿って（1）

関東鉄道

（常総筑波鉄道、鹿島参宮鉄道）

髙井薫平 著

◎筑波付近　昭和41（1966）年3月20日　撮影：荻原二郎

Contents

【ラッシュが終わり閑散とした竜ヶ崎駅】ホームの右側の線にラッシュ輸送の終えた雑多な客車たちが並び、ホームにはキハ41000が発車を待っている。◎竜ヶ崎　昭和38（1963）年5月　撮影：田尻弘行

シリーズ発刊にあたって

　僕が地方私鉄を回り始めてから、かれこれ四分の三世紀近くが経ってしまいました。その地方の私鉄たちの多くがかつて歩き回った村や町から姿を消してから、ずいぶん経ちました。

　撮りためていた写真もネガの劣化が目立ってきました。そんな折、10年くらい前からお付き合いを頂いているフォト・パブリッシングの福原さんから、当時の地方私鉄のすべてを掲載した本を作りたいというお誘いを受け、熟考の結果、僕が在籍してきた慶應義塾大学鉄道研究会のOB組織である「鉄研三田会」の仲間の力を借りること、特に12年前に逝ってしまった学友の田尻弘行さんのネガが全部僕の手元にあるので、これも使うことでお引き受けしました。

　対象は昭和30年代から50年代にかけて存在した地方の私鉄、それに今ではとても考えられない様々な専用線や貨物鉄道にも少しだけ触れることにしました。そしてこの時期に存在した私鉄の車両たちは可能な限り、すべてを掲載するということにしました。

　しかし、それは改めて考えると、その対象は途方もない数になることがわかり、内容はあくまでも記録写真集ですが、写真の詳しい解説はやめることにしました。その代わり、1960年代にお手伝いした朝日新聞社発行の『世界の鉄道』で作成した車両諸元表のようなものを巻末に付けることにしました。

　じつはこの本の編集制作にあたり、鉄研三田会の仲間で気心の知れた矢崎康雄、亀井秀夫の両氏にサポートをお願いしています。そしてこの諸元表の作成を亀井さんにほとんど丸投げし、文体の校閲、内容確認を矢崎さんにお願いしてスタートすることになりました。

　本の体裁は各冊80〜144ページに抑えること、原則1鉄道で1冊と考えましたが、鉄道の規模と車両数、撮影した鉄道の濃淡なども考えると、1冊に数社の鉄道が入ることになりました。また、全形式掲載はあくまでも目標で、かなり「落ちこぼれ」の出ることもご容赦頂くことにしました。現在では都市の鉄道として20m・10両編成の電車が闊歩する相模鉄道や、準大手私鉄の新京成電鉄、山陽電気鉄道などの半世紀前の様子も含めることにしました。さらに東武鉄道、名古屋鉄道、近畿日本鉄道の地方線区も取り上げていきます。市内電車の扱いも悩ましいところです。

　専用線などはコラムで特集していきますが、こちらはあるものだけに限りました。こうやってざっと数えると30冊以上になることがわかってきました。これを1年に4〜6冊、ほぼ隔月に作るのはかなりしんどい仕事になると思うのですが、是非ぜひご支援いただいてまとめていきたいと考えております。ただただよろしくお願いする次第です・・・。

　1冊目(通巻では第6巻)は現在の関東鉄道の前身、旧常総筑波鉄道、鹿島参宮鉄道にしました。以後、上田丸子電鉄と長野電鉄、東武鉄道の非電化区間や軌道線、北陸鉄道、北海道の私鉄辺りに足を延ばそうかと思っております。

　なお、本シリーズの発行にあたり、長年にわたりお付き合いさせて頂いている宮田寛之氏(「鉄道ファン」名誉編集長)から巻頭文をお寄せいただいたこと感謝申し上げます。

令和2(2020)年10月　　髙井薫平

半世紀余にわたる 私の髙井薫平像

宮田 寛之

　毎日の話題が「コロナ」、「コロナ」で埋めつくされ、閉塞感に押しつぶされそうなところに、「鉄道趣味は不滅！」と言わんばかりにもたらされたのが、髙井薫平さんからの出版プランのお話でした。『昭和30〜50年頃の地方私鉄を歩く』と題する、昭和時代の半ばころまで全国に存在していた私鉄・専用鉄道各社の車両を中心に紹介、全32巻に及ぶシリーズを5年がかりで刊行するといった、とても遠大な出版プランにびっくりしたしだいです。しかし地方鉄道の探訪は、髙井さんの長年にわたる趣味活動のなかでも、もっとも情熱を注ぎ込んでこられた分野だけに、「これは当然の帰結」のものと合点したのです。

　髙井さんの私鉄めぐりは、開始してからすでに70年余とのことですが、関心の深さと情熱、行動力は今も青春時代そのままで、この揺るぎない姿勢に私はかねがね尊敬の念を感じているのです。そもそも「髙井薫平」の名を私が知ったのは、昭和30年前後の『鉄道模型趣味』誌に掲載された、「“なめとこ軽便”の単端式気動車」の一文からでした。これには、「妙な鉄道名の、へんてこな車両を作る人だなあ‥‥」との印象を持った一方で、とても深い近親感を覚えたのでした。そして鉄道雑誌上での活躍を通して、地方私鉄にたいへん造詣の深い方だということと、慶應鉄研のメンバーであることを知ったのです。

　それから数年を経た後の昭和38（1963）年8月、西武鉄道で休車中だったピッツバーグ製1C形タンク機関車7号（国鉄2850形2851号）が、この前年に上武鉄道（もとの日本ニッケル鉄道）に移り、現役に復しているとの報を耳にしましたので、当鉄道を5年ぶりに訪ねることにしたのです。前回にならって高崎線本庄で下車、駅前からバスに揺られて西武化学前の機関区を訪問したところ、お目当ての7号機は八高線丹荘までの混合列車に使用中とのことで、まずは走行シーンを捉えようと、終点の工場内を出て中間駅の寄島付近で列車を待ちました。やがて7号機がバック運転でけん引する、気動車改造の客車を最後部に連結した混合列車がやって来ました。そしてこのシーンを撮影し列車が目の前を通り過ぎたところで、想定外の停車です。私はここで「ピッツバーグ機の列車に体験乗車！」とばかりに、客車に乗り込みました。車内は満員です。乗客のなかにはお会いしたことのある顔が見られます。客の大半は慶大鉄研「三田会」のメンバーだったのです。その一行のなかに髙井さんが、そして臼井茂信さんがご一緒されていたのにはびっくり仰天でした。かねてから敬愛している大先輩お二人との出会いは、こうして実現しましたので、ピッツバーグ機こそは言わば「結びの神」で、この客車内の瞬間は私のそれまでの大きなできごとの一つとして、今でも忘れられません。

　臼井さんからも「くんぺいさん、くんぺいさん」と親しまれる髙井さんは、穏やか円満なお人柄で、鉄研会長や鉄道友の会東京支部長など、趣味団体での指導的な活動を続けられるなかで、本業では鉄道車両部品専業メーカーの社長を務められるといった、公私ともにまさに八面六臂の活躍ぶりに、私は尊敬の念をさらに深めたのでした。戦後の混乱期以来低迷していた鉄研の活動を、髙井さんが先頭に立って息を吹き返させたことで、部内では「鉄研中興の祖」と称えられているとのお話も、後輩のメンバーから聞いております。

　出会いからしばらくして、私が『鉄道ファン』誌の編集部員になるとともに、髙井さんとの親交はさらに深まり、やがて私が満を持していた本誌連載の企画として、「地方鉄道の車両めぐり」を髙井さんに依頼、これをお引き受けくださったのです。この企画の実現に当たっては、まず該当する鉄道のネガを取り出していただき、その一コマ一コマをルーペで確認、プリント作業に進むのですが、ぼう大なネガを前にしたこの下準備が大仕事だったのです。通り一遍の、底の浅いものでないことを、あらためて思い知らされたしだいです。この時プリントさせていただいた写真を中心にご執筆をお願いした連載は、「昭和30年代の地方鉄道を訪ねて　古典ロコ・軽便・田舎電車、そして‥‥」と題し、1982年5月号から1984年1月号までの間で15回の長期にわたり、掲載

当時、ディーゼル機関車の予備機として残されていた、常総線の汽車会社製1C1形タンク機関車8号が、東京オリンピック開催を目前にした昭和39 (1964) 年の早春、久しぶりに息を吹き返し元気な姿を見せていた。写真は、私が偶然出会ったその折の一コマで、貨物列車をバック運転でけん引、取手に向かうところである。
◎寺原　昭和39 (1964) 年3月　撮影：宮田寛之

が及びました。

　また、この髙井さんの連載を前に、湯口 徹さんにお願いした「レールバスものがたり」の連載も、私にとっては忘れられない企画です。本編は、髙井さんの「なめとこ軽便」を拝読以来、個人的に興味が深まっていた単端式気動車について、本誌上での総めぐりを目指したものでした。これは1982年5月号〜1984年1月号までの間に10回、さらにパートⅡとして1984年7月号〜1984年10月号の間に4回、それぞれに掲載が続きました。

　私鉄車両への造詣の深さでは「東の髙井薫平、西の湯口 徹」と敬われるお二人の長期に及ぶ連載の実現は、編集人の私としてはクリーンヒットの企画ではなかったかと、今でも自負しているのです。お二人はその後、「臼井茂信さんを慕う汽車の友の集い」でたびたび同席されるようになり、親しく一献酌み交わされるなかでの、おたがいの尊敬と親愛に満ちあふれた語らいに、その横に座る私の心はなごむばかりでした。

＊　　　　　＊　　　　　＊

　たいへん僭越なことにも、「半世紀余にわたる 私の髙井薫平像」として、思い出すままに記してきましたが、今回の出版プランによりますと、髙井さんの盟友、田尻弘行さんの遺作群の一部が、共著のような形で収録されるようですので、これはシリーズにいっそうの厚みと奥行の深さをもたらせてくれることとして、この点も注目したいと思います。「田尻さんは工学畑の方らしく理路整然と語られるなかで、容貌に渋味を漂わせ、あくなき探求心を秘めている」といったところが私の印象で、その姿が今も想い起こされるのです。

　さて、紙面が尽きたようです。髙井・田尻コンビの成果が合体、集大成化されるシリーズの第1巻を一刻も早く手にできることを願って、ここで私の拙い一文の締めくくりとさせていただきましょう。

2020年10月31日記　（『鉄道ファン』名誉編集長）

関東鉄道の路線図

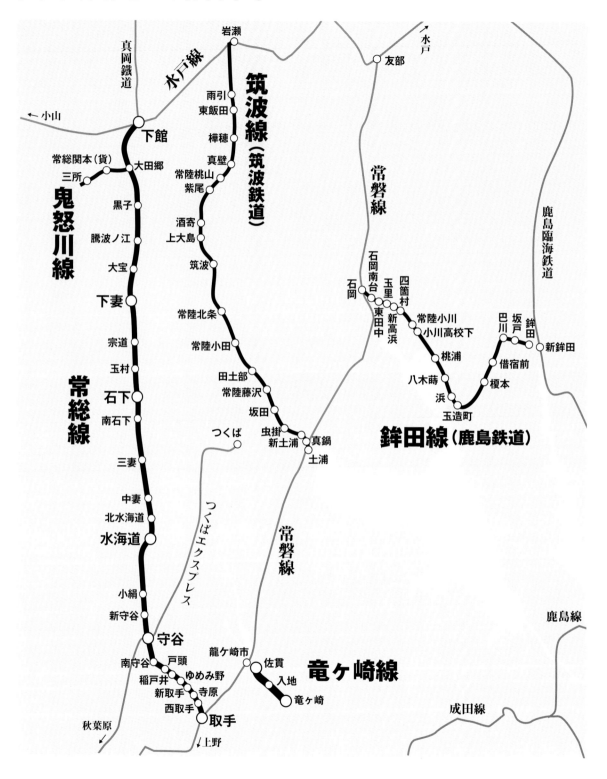

関東鉄道の駅データ（日付は開業年月日）

関東鉄道常総線

- ○ 0.0 取手 とりで 1913（大正2）年11月1日
- ○ 1.6 西取手 にしとりで 1979（昭和54）年12月1日
- ○ 2.1 寺原 てらはら 1913（大正2）年11月1日
- ○ 3.4 新取手 しんとりで 1968（昭和43）年4月1日
- ○ 4.2 ゆめみ野 ゆめみの 2011（平成23）年3月12日
- ○ 5.4 稲戸井 いなとい 1913（大正2）年11月1日
- ○ 6.3 戸頭 とがしら 1975（昭和50）年3月26日
- ○ 7.4 南守谷 みなみもりや 1960（昭和35）年11月15日
- ○ 9.6 守谷 もりや 1913（大正2）年11月1日
- ○ 11.4 新守谷 しんもりや 1982（昭和57）年3月27日
- ○ 13.0 小絹 こきぬ 1913（大正2）年11月1日
- ○ 17.5 水海道 みつかいどう 1913（大正2）年11月1日
- ○ 19.3 北水海道 きたみつかいどう 1972（昭和47）年3月15日
- ○ 20.9 中妻 なかつま 1920（大正9）年2月1日
- ○ 23.9 三妻 みつま 1913（大正2）年11月1日
- ○ 27.2 南石下 みなみいしげ 1931（昭和6）年11月15日
- ○ 28.8 石下 いしげ 1913（大正2）年11月1日
- ○ 31.0 玉村 たまむら 1931（昭和6）年11月15日
- ○ 33.0 宗道 そうどう 1913（大正2）年11月1日
- ○ 36.1 下妻 しもつま 1913（大正2）年11月1日
- ○ 38.7 大宝 だいほう 1917（大正6）年※
- ○ 41.0 騰波ノ江 とばのえ 1926（大正15）年8月15日
- ○ 43.6 黒子 くろご 1913（大正2）年11月1日
- ○ 47.3 大田郷 おおたごう 1913（大正2）年11月1日
- ○ 51.1 下館 しもだて 1913（大正2）年11月1日

鉾田線（2007（平成19）年4月1日廃止）

- ○ 0.0 石岡 いしおか 1924（大正13）年6月8日
- ○ 1.5 石岡南台 いしおかみなみだい 1989（平成元）年6月15日
- ○ 2.5 東田中 ひがしたなか 1964（昭和39）年11月18日
- ○ 3.6 玉里 たまさと 1988（昭和63）年4月1日
- ○ 4.2 新高浜 しんたかはま 1924（大正13）年6月8日
- ○ 5.1 四箇村 しかむら 1931（昭和6）年2月1日
- ○ 7.1 常陸小川 ひたちおがわ 1924（大正13）年6月8日
- ○ 7.8 小川高校下 おがわこうこうした 1988（昭和63）年4月1日
- ○ 10.7 桃浦 ももうら 1926（大正15）年8月15日
- ○ 12.8 八木蒔 やきまき 1931（昭和6）年2月1日
- ○ 14.4 浜 はま 1926（大正15）年8月15日
- ○ 15.8 玉造町 たまつくりまち 1928（昭和3）年2月1日
- ○ 19.5 榎本 えのもと 1929（昭和4）年5月16日
- ○ 21.4 借宿前 かりやどまえ 1951（昭和26）年10月1日
- ○ 23.7 巴川 ともえがわ 1929（昭和4）年5月26日
- ○ 25.0 坂戸 さかど 1931（昭和6）年2月1日
- ○ 26.9 鉾田 ほこた 1929（昭和4）年5月16日

鬼怒川線（1964（昭和39）年1月16日廃止）

- ○ 0.0 大田郷 おおたごう 1927（昭和2）年7月1日
- ○ 4.8 常総関本（貨）じょうそうせきもと 1927（昭和2）年11月1日
- ○ 6.0 三所 さんじょ 1927（昭和2）年7月1日

竜ヶ崎線

- ○ 0.0 佐貫 さぬき 1900（明治33）年8月14日
- ○ 2.2 入地 いれじ 1901（明治34）年1月1日
- ○ 4.5 竜ヶ崎 りゅうがさき 1900（明治33）年8月14日

筑波線（1987（昭和62）年4月1日廃止）

- ○ 0.0 土浦 つちうら 1918（大正7）年4月17日
- ○ 1.7 新土浦 しんつちうら 1959（昭和34）年7月1日
- ○ 3.9 虫掛 むしかけ 1918（大正7）年4月17日
- ○ 5.8 坂田 さかた 1955（昭和30）年10月1日
- ○ 7.6 常陸藤沢 ひたちふじさわ 1918（大正7）年4月17日
- ○ 9.7 田土部 たどべ 1918（大正7）年4月17日
- ○ 13.0 常陸小田 ひたちおだ 1918（大正7）年4月17日
- ○ 15.7 常陸北条 ひたちほうじょう 1918（大正7）年4月17日
- ○ 20.2 筑波 つくば 1918（大正7）年4月17日
- ○ 22.9 上大島 かみおおしま 1918（大正7）年6月7日
- ○ 23.8 酒寄 さかより 1959（昭和34）年7月1日
- ○ 26.9 紫尾 しいお 1918（大正7）年6月7日
- ○ 28.2 常陸桃山 ひたちももやま 1957（昭和32）年12月14日※※
- ○ 30.2 真壁 まかべ 1918（大正7）年6月7日
- ○ 32.1 樺穂 かばほ 1922（大正11）年3月20日
- ○ 34.4 東飯田 ひがしいいだ 1955（昭和30）年12月23日
- ○ 35.5 雨引 あまびき 1918（大正7）年9月7日
- ○ 40.1 岩瀬 いわせ 1918（大正7）年9月7日

※旧大宝駅は、現在の駅より1.4km下妻寄りにあり、1913（大正2）年11月1日開業。大宝八幡として臨時駅が現在の大宝駅付近に設置され、1926（大正15）年8月15日に大宝駅に改称。旧大宝駅は廃止された。

※※常陸桃山駅は1918（大正7）年6月7日に伊佐々駅として開業したが、1943（昭和18）年頃廃止され、1957（昭和32）年に再開した。

関東鉄道の年表

明治28（1895）年9月6日	下館町（現・筑西市）の間々田惣助ら46人が常総鉄道の発起願書を提出される。
明治30（1897）年3月25日	龍崎馬車鉄道が創立される。
明治30（1897）年6月22日	藤代～竜ヶ崎間馬車鉄道敷設免許取得。
明治31（1898）年3月25日	龍崎馬車鉄道会社の設立総会。内務省認可は5月20日。
明治31（1898）年9月22日	臨時株主総会で馬車鉄道から小機関車鉄道に変更する決議。起点の藤代を佐貫に変更。
明治32（1899）年4月5日	龍崎鉄道に社名変更。龍ヶ崎～佐貫間敷設免許取得。
明治33（1900）年8月14日	龍崎鉄道（現・竜ヶ崎線）の佐貫～龍ヶ崎（現・竜ヶ崎）間が開業する。
明治34（1901）年1月1日	龍崎鉄道に入地駅が開業する。
明治35（1902）年10月29日	龍崎鉄道が龍ヶ崎～伊佐津間の敷設仮免許を取得する（1904年に免許が失効）。
明治43（1910）年4月30日	千葉県出身の圓尾卓爾ら9人が、土浦～下館間の軽便鉄道敷設免許を出願する。
明治44（1911）年4月20日	圓尾卓爾らが土浦～下館間の軽便鉄道敷設免許を取得する。
明治44（1911）年11月1日	竹内綱ら47人を発起人とする常総軽便鉄道が、取手～水海道～下館間の軽便鉄道免許を取得する。
明治45（1912）年3月7日	常総軽便鉄道の発起人会が開かれ、社名を常総鉄道とすることが決議。9月6日に会社が創立。
大正2（1913）年2月11日	常総鉄道が水海道駅建設予定地で起工式を開き、全線を8工区に分けて着工する。
大正2（1913）年11月1日	常総鉄道の取手～下館間が開業。寺原、稲戸井、守谷、小絹、水海道、三妻、石下、宗道、下妻、大宝（初代）、黒子、大田郷の各駅が開業する。
大正3（1914）年4月11日	筑波鉄道の設立総会が開催される。
大正4（1915）年7月	国鉄との貨車直通を可能とするため、龍崎鉄道が1067㎜に改軌する。
大正7（1918）年4月17日	筑波鉄道（後の関東鉄道筑波線、筑波鉄道、現・廃止）の土浦～筑波間が開業。真鍋、虫掛、常陸藤沢、常陸小田、常陸北条の各駅が開業する。
大正7（1918）年6月7日	筑波鉄道の筑波～真壁間が延伸開業する。
大正7（1918）年9月7日	真壁～岩瀬間が延伸開業し、筑波鉄道が全通する。
大正9（1920）年2月1日	常総鉄道に中妻駅が開業する。
大正10（1921）年10月12日	高柳淳之助ら10人が石岡から小川町を経て玉造を結ぶ行方鉄道の免許を申請する。
大正11（1922）年9月3日	行方鉄道の創立総会が挙行され、社名を鹿島参宮鉄道に変更して会社が発足する。
大正12（1923）年8月1日	鬼怒川砂利が、鬼怒川川床の砂利を搬出するため、太田郷～三所間に専用線を開業する。
大正13（1924）年6月8日	鹿島参宮鉄道関東鉄道鉾田線を経て鹿島鉄道）の石岡～常陸小川間が開業する。
大正15（1926）年8月15日	常総鉄道に大宝駅（二代目）、騰波ノ江駅が開業する。鹿島参宮鉄道の常陸小川～浜間が延伸開業。
昭和2（1927）年6月4日	常総鉄道が鬼怒川砂利所有の専用線を買収し、三所支線（後の鬼怒川線）とする。
昭和2（1927）年9月13日	龍崎鉄道がガソリンカーを導入する。
昭和3（1928）年2月1日	鹿島参宮鉄道の浜～玉造町間が延伸開業する。
昭和3（1928）年9月27日	スピードアップと輸送効率向上を図るため、常総鉄道でガソリンカーが運転を開始する。
昭和4（1929）年5月16日	鹿島参宮鉄道の玉造町～鉾田間が延伸開業する。
昭和5（1930）年9月6日	鹿島参宮鉄道でガソリンカーが運転を開始する。
昭和6（1931）年11月15日	常総鉄道に南石下駅、玉村駅が開業する。
昭和12（1937）年5月27日	筑波鉄道でガソリンカーが運転を開始する。
昭和19（1944）年5月13日	鹿島参宮鉄道が龍崎鉄道を合併する。
昭和20（1945）年3月20日	戦時統合政策により常総鉄道が筑波鉄道を合併して常総筑波鉄道となる。
昭和23（1948）年2月1日	常総筑波鉄道が常総線と国鉄常磐線を経由する上野までの直通運転を開始する。
昭和23（1948）年5月1日	常総筑波鉄道が上野直通列車の始発・終着駅を常総線の下妻駅に変更（翌年6月に国鉄常磐線松戸～取手間が電化されて廃止）する。
昭和23（1948）年9月16日	アイオン台風の影響で、国鉄常磐線の貨物列車が常総筑波鉄道常総線を迂回ルートとして利用する。
昭和25（1950）年7月	国鉄から譲受したキハ41000形気動車が運転を開始する。
昭和25（1950）年11月25日	ダイヤ改定により、常総筑波鉄道の黒子～下妻間と水海道駅にのみ停車する上り列車を運転開始する。所要時間は94分。
昭和26（1951）年10月1日	鹿島参宮鉄道鉾田線に借宿前駅が開業。同時に四箇村駅、八木蒔駅が営業を再開する。
昭和32（1957）年4月26日	鹿島参宮鉄道鉾田線の武田駅が廃止。同年中に鹿島参宮鉄道竜ヶ崎線の南中島駅、門倉駅も廃止。
昭和32（1957）年6月	常総筑波鉄道がキハ700形気動車（1967年まではキハ48000形）を新造する。
昭和32（1957）年7月1日	常総線の下館～取手間でキハ700形気動車を使用した特急「しもだて」が運転を開始する。
昭和32（1957）年8月1日	常総筑波鉄道鬼怒川線の三所駅が廃止。大田郷～常総関本間の旅客営業が廃止する。
昭和32（1957）年11月	常総線の下館～取手間で6駅停車の急行「鬼怒風」が運転を開始する。所要時間は65分。
昭和33（1958）年11月	鹿島参宮鉄道が蒸気機関車を全廃する。
昭和34（1959）年5月	常総筑波鉄道が筑波線岩瀬～土浦間のホームを改修する。
昭和34（1959）年7月1日	常総筑波鉄道の筑波線に新土浦駅が開業する。
昭和34（1959）年9月	常総筑波鉄道がキハ500形気動車を新造。常総筑波鉄道の筑波線土浦～筑波間で急行が運転を開始。
昭和34（1959）年	常総筑波鉄道の重役会で取手～水海道間の複線化が決議される。

昭和35(1960)年11月15日	常総線に南守谷駅が開業する。
昭和36(1961)年2月	常総線の取手駅に専用ホームが完成する。
昭和36(1961)年10月	常総筑波鉄道がキハ800形気動車を新造する。
昭和38(1963)年	常総筑波鉄道がキハ900形気動車を新造する。
昭和39(1964)年1月16日	常総筑波鉄道の鬼怒川線が廃止される。
昭和39(1964)年11月18日	鹿島参宮鉄道鉾田線に東田中駅が開業する。
昭和39(1964)年12月19日	常総筑波鉄道が、鹿島参宮鉄道との合併を運輸大臣松浦周太朗宛てに申請する。
昭和40(1965)年6月1日	常総筑波鉄道が鹿島参宮鉄道と合併し、関東鉄道が発足する。
昭和43(1968)年4月1日	常総線に新取手駅が開業する。
昭和43(1968)年10月1日	関東鉄道が常総線水海道～下妻間を自動閉塞化する。
昭和46(1971)年4月1日	竜ヶ崎線の貨物営業が廃止される。
昭和46(1971)年8月1日	竜ヶ崎線で国内旅客列車(鉄道線)初のワンマン列車が運転を開始する。
昭和47(1972)年3月15日	常総線に北水海道駅が開業する。
昭和49(1974)年5月16日	現在の竜ヶ崎駅舎が完成する。
昭和49(1974)年7月16日	関東鉄道が全線で貨物営業を廃止する。
昭和50(1975)年3月26日	常総線に戸頭駅が開業する。
昭和52(1977)年4月7日	常総線の取手～寺原間が複線化される。
昭和53(1978)年1月20日	常総線の水海道～下妻間がCTC(列車集中制御)化する。
昭和54(1979)年3月6日	筑波鉄道(二代目)と鹿島鉄道が設立される。
昭和54(1979)年4月1日	関東鉄道が筑波鉄道に筑波線を譲渡。関東鉄道が鹿島鉄道に鉾田線を譲渡する。
昭和54(1979)年12月1日	常総線の下妻～下館間がCTC化される。西取手駅が開業する。
昭和57(1982)年3月27日	常総線に新守谷駅が開業する。
昭和57(1982)年12月8日	常総線の寺原～南守谷間が複線化される。
昭和58(1983)年5月31日	常総線の南守谷～新守谷間が複線化される。
昭和59(1984)年11月2日	筑波鉄道が沿線自治体に事業廃止を申請する。
昭和59(1984)年11月15日	常総線の新守谷～水海道間が複線化され、取手～水海道間の複線化が完了する。
昭和62(1987)年4月1日	筑波鉄道が廃止される。
昭和62(1987)年	キハ300形・350形気動車が導入される。
昭和63(1988)年3月13日	ダイヤ改定により、常総線の取手～水海道間で6往復を増発する。
平成4(1992)年3月6日	常総線の水海道車両基地が開業する。
平成4(1992)年4月20日	常総線で平日朝ラッシュ時に5両編成の列車が運転を開始する。
平成4(1992)年6月2日	取手駅構内で上り列車が逸走し、駅ビル2階壁面に衝突。乗客1人が死亡、250人以上が負傷する。
平成5(1993)年4月15日	全線で列車無線が使用を開始する。
平成6(1994)年1月18日	常総線でキハ2100形気動車が運転を開始する。
平成9(1997)年3月26日	竜ヶ崎線でキハ2000形が運転を開始する。
平成9(1997)年5月10日	水海道～下館間でワンマン列車が運転を開始する。
平成15(2003)年8月	全列車で防護無線の使用が開始される。
平成16(2004)年3月13日	取手～水海道間で、平日の朝夕を除く時間帯にワンマン列車が運転を開始する。
平成17(2005)年3月28日	守谷駅新駅舎が使用開始。茨城県内では初のオープンカウンター改札が設置される。
平成17(2005)年7月9日	速度照査式のATS(自動列車停止装置)の使用が始まる。
平成17(2005)年8月24日	常総線で快速列車が運転を開始する。
平成17(2005)年12月10日	全列車が1～2両編成によるワンマン運転となる。
平成17(2005)年12月19日	取手～水海道の複線区間全駅に自動改札機が設置される。
平成19(2007)年4月1日	鹿島鉄道が廃止される。
平成20(2008)年3月6日	大宝駅で列車交換施設が使用を開始する。
平成20(2008)年3月15日	ダイヤ改定に伴い、列車本数増発。3両編成の運転が終了する。
平成21(2009)年1月10日	1985年から使われてきた駅舎に代わり佐貫駅の新駅舎が完成する。
平成21(2009)年3月14日	ICカード乗車券「PASMO」が導入される
平成21(2009)年10月1日	取手～水海道間に1両編成の列車が運転開始。平日5往復、土・休日は6往復となる。
平成21(2009)年11月1日	ダイヤ改定に伴い、下り快速の全列車が守谷駅始発となる。
平成22(2010)年1月1日	取手～水海道間を走る1両編成列車を2往復増便する。
平成22(2010)年2月16日	駅集中管理システムが導入される。
平成22(2010)年3月13日	新運行管理システム(自動進路制御装置)が導入され、日中は取手～守谷間が15分間隔のパターンダイヤとなる。
平成22(2010)年9月1日	寺原、新取手、新守谷、石下の各駅が日中(10～16時)のみ駅員無配置となる。
平成23(2011)年3月12日	常総線新取手～稲戸井間にゆめみ野駅が開業する。
平成27(2015)年9月10日	台風18号に伴う大雨で常総市内の鬼怒川の堤防が決壊。線路冠水・石下駅水没・南石下～三妻間の線路道床流失等の被害を受けて全線運転見合わせとなる。
平成27(2015)年11月16日	全線で通常運行に戻り、快速運転も再開される。

(編集部において作成)

（1）関東鉄道設立前の塗装

【常総筑波鉄道の標準色】常総筑波鉄道の気動車は、当時の国鉄の気動車に似せて、青色と薄いクリーム色に塗られていた。写真は客車を動力化したキハ40086。
◎下館　昭和35（1960）年4月2日
撮影：荻原二郎

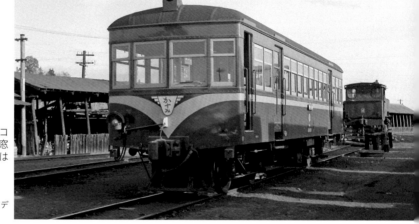

【鹿島参宮鉄道の標準色】車体はチョコレート色で気動車は黄色の帯があり、窓枠も同色に塗られて新鮮だった。写真はキハ40401の「かすみ」。
◎石岡　昭和30（1955）年1月
撮影：竹中泰彦
＊この写真は編集部において、モノクロ写真をデジタル技術によりカラー化したものです。

【キハ504】昭和34年に華々しく登場したキハ500は明るいオレンジとクリーム色の塗り分けに細いマルーンとクリーム色のラインの入った斬新な配色であり、その後、在来車両にも及んでいった。
◎大田郷　昭和41（1966）年3月20日
撮影：荻原二郎

(2) 関東鉄道4路線健在の時代

【キハ541】廃止された北陸鉄道能登線の車両だが、関東鉄道当時の標準色で筑波線に入った。関東鉄道の標準色はキハ500形に合わせたものに全車塗り替えられることになった。
◎常陸藤沢　昭和48（1973）年1月　撮影：田尻弘行

【キハ501】一気に明るい赤系の塗装に変わった関東鉄道だったが、費用削減の一環としてか車体上下にあった細いラインが廃止され、単純な塗分けに変わった。
◎水海道～小絹
昭和63（1988）年
撮影：亀井秀夫

【キハ532】国鉄キハ20形の下回りを流用し、車体を新製したもので新しい塗り分けが採用された。
◎佐貫～入地　平成23（2011）年11月23日　撮影：矢崎康雄

(3) 関東鉄道

【キハ300（354）】様々な車両が活躍した関東鉄道では車両の標準化を図るため、国鉄・JRからキハ30,35,36を大量に譲り受け、片運転台のキハ35,36はキハ350に、キハ30は両運転台のキハ300として復活した。
◎水海道車両基地
平成18（2006）年1月15日
撮影：矢崎康雄

【キハ100（104）】合理化のための対策として、水海道以遠のワンマン化が行われることになりキハ300の4両がワンマン対応に改造された。
◎水海道車両基地
平成22（2010）年11月3日
撮影：矢崎康雄

【キハ310（315）】国鉄キハ16・17形気動車の機器を流用し改造名義で車体を新製した。以後の車体新製車の標準スタイルとなった。
◎小絹　平成31（2019）年4月8日　撮影：荻原俊夫

【キハ5000（5001）】電気指令
ブレーキを採用した新シリー
ズで新しい塗色になった。
◎水海道車両基地
平成22（2010）年11月3日
撮影：木村和男

【キハ2100（2101）】純然たる新車
でブレーキ方式も変わった。この
車は完成当時、親会社である京成
電鉄の高速バスと同じ塗分けで登
場した。
◎南守谷～守谷　平成31（2019）
年4月8日　撮影：荻原俊夫

【キハ5000新色（5012）】キハ
5000系は製造時期により5000,
5010,5020に分類される。関東
鉄道では平成17（2005）年8月
に開通したつくばエクスプレス
に乗客を奪われてしまい、これ
までの2両連結の必要が減り、
単車での運転ができる両運転
台車が主力に新造されるように
なった。また塗装も大きく変わっ
て白、黄、青の塗分けになった。
◎守谷　令和2（2020）年10月
25日　撮影：矢崎康雄

（4）鉾田線、鹿島鉄道独立の時代

【キハ430（431）】関東鉄道から引き継いだキハ431が霞ヶ浦をバックに走る。塗装は鹿島鉄道になってから二度目の変更である。
◎桃浦付近　平成19（2007）年2月26日
所蔵：フォト・パブリッシング

【キハ430（432）】鹿島鉄道が明るい将来を込めてKR501が入った際、これまでの車両も同じ色に塗り替えられた。
◎石岡　平成5（1993）年5月22日　撮影：亀井秀夫

【キハ600（601）】キハ07を改造した20m車、鹿島鉄道では最も収容力が大きかった。
◎平成19（2007）年1月1日　所蔵：フォト・パブリッシング

【石岡機関区】仕事に出ているKR502とキハ601の2両を除いて全車両が揃った石岡機関区、すでに航空燃料の輸送も終わり、写真奥に見えるDD902の嫁ぎ先も決まっている。
◎平成18（2006）年10月15日
所蔵：フォト・パブリッシング

【KR500（501）】大きな正面ガラス、車内は久々のクロスシートを備えた新造車KR500は当初クリーム色に細いラインの入った斬新なデザインだった。しかしその後1両ごとに帯の色を変えた新しい装いになる。
◎石岡　平成5（1993）年5月
撮影：亀井秀夫

【DD901】晩年はDD902に仕事を奪われたDD901は、ユニークな車体で人気があった。
◎常陸小川
所蔵：フォト・パブリッシング

【鹿島色になったDD902】平成17（2005）年にオレンジ色に塗り替えられたが、既に航空燃料輸送も終了しており、2007年2月に日本製鋼所室蘭製作所に譲渡された。
◎石岡　平成18（2006）年9月　撮影：髙井薫平

関東鉄道を構成した4つの鉄道の時刻表（昭和13年・14年）

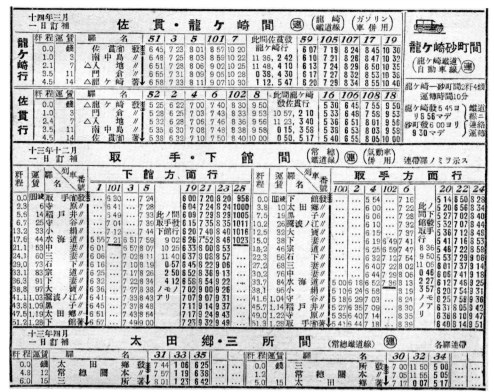

鉄道省編纂「時間表」（昭和14年8月号）

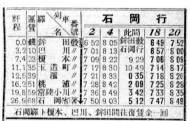

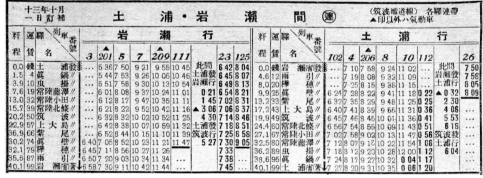

国家総動員法が公布され戦時体制に突入していく年で昭和初期から導入された気動車が活躍できた時代である。時刻表示は24時間制ではなく午後は太字で表示されている。龍崎鉄道線は昭和32（1957）年に廃止になった南中島、門倉が記載されている。現在は佐貫〜竜ヶ崎は7分だが、この時刻表だと10分と13分の列車がある。表記されている「ガソリン車」も気動車の一種である。右の自動車線の行き先の砂町は龍ヶ崎駅から東2キロ。
常総線の列車番号100番台、区間列車は所要時間が長い。その他直通列車は取手〜下館を1時間20〜30分、駅数も増え、ワンマン化された現在とあまり変わらない。1日3便の鬼怒川線太田郷〜三所も記載されている。筑波鉄道は▲印以外は気動車と分かりやすく親切。

1章
常総筑波鉄道

【ラッシュの水海道駅】手前のキハ701はまだ2扉のまま。中間は小田急から来たキハ751で先頭はキハ800と思われる。
◎水海道　昭和42（1967）年1月　撮影：髙井薫平

元常総筑波鉄道の区間→関東鉄道

常総線

　東京からの国電区間にあって、唯一電化されていない私鉄が常総筑波鉄道常総線であるのは今も変わらないが、乗り換え駅である昭和30年代の取手駅構内は国鉄と常総線の間にちょっとしたヤードがあり、国鉄線に引き継がれる貨車の列や、朝の通勤列車に使用される得体の知れないボギー客車が停まっていた。この通勤列車の両端には、茶色っぽく塗られたワブ(緩急車)が連結されていた。

　昭和30(1955)年だったか、常総線に新鋭車両が登場した。キハ48000というクロスシートカーで、特急「しもだて」という快速列車が設定されていた。48000というのは、当時の国鉄の気動車はすべて40000番台だったので、それに倣ったのだろう。新車が入ったという話を聞き、ひとりで出掛けていった。その後常総筑波鉄道では新車投入に積極的になる。キハ500というクロスシートカーは確かに20mに満たない小ぶりな車体に、ステップなしのクロスシートカーで、一部の車は空気ばね台車をはいていた。キハ500は筑波線にも配属された。この発展形式として車長を20mに伸ばしたキハ800が登場、このキハ800をコピーしてナローの鉱山鉄道を改軌した秋田の小坂鉄道にはキハ2100が生まれた。その後、常総線は通勤路線として発展、現在は取手〜水海道間が非電化鉄道として珍しく複線化されているが、昭和52(1977)年までは全線単線のローカル線であった。

　常総筑波鉄道という名称は昭和20(1945)年に常総鉄道と筑波鉄道が統合してからの名称だが、昭和40(1965)年6月に、鹿島参宮鉄道に合併、現在は関東鉄道を名乗る。しかし道路網の発展で鉄道事業は厳しく、関東鉄道4路線のうち、首都圏から離れた2線はすでに廃止された。

　石岡市にある気象庁の地磁気観測所の関係で直流電化ができず。通勤路線の非電化鉄道という立ち位置を意識して、クロスシートのキハ500・800とは異なった通勤車両の開発も進んでいった。当時成功して量産に入っていた国鉄キハ30系・35系の私鉄版、キハ900の投入である。切妻3扉2両編成で、キハ35によく似ていたが客用扉は外吊り式ではなく、これまでと同じ1枚引き戸であった。

　通勤路線の色彩が強まった常総線は、通勤型気動車の増備を、乗り入れ区間の電化で不要になった小田急電鉄や南海電鉄から長距離用気動車を譲り受け客用扉を増設して使用した。これらは常総筑波鉄道初の2個エンジン搭載車両で、制御気動車キクハを連結して使用した。この制御車は小田急電鉄のクハ1650を譲り受けて改造したものであった。そのほか昭和38(1963)年に国が策定した石炭政策により、雪崩を打つように営業廃止した北海道の炭鉱鉄道や、営業不振に悩んで廃止した地方の非電化の鉄道から、様々な車両が関東鉄道の輸送力増強に一役買った時期があった。国鉄キハ17・20系の機器を流用したセミ新車が増備され、さらに国鉄・JRからキハ30・35・36系を合計39両譲り受けて、これまでの気動車達を駆逐していった。

　常総線の路線、特に水海道から先の部分は僕が通った昭和30〜40年頃とあまり違っていない。ただ下館に近い太田郷から鬼怒川べりの三所まで出ていた元鬼怒川砂利合資会社の路線は傘下に収めたが、昭和39(1964)年に廃止されている。

　また水海道にあった広い機関区は平成4(1992)年、取手寄りの南水海道に信号所を設けて移転した。新しい水海道車両基地は車体を吊り上げることもできる本格的なものになったが、水海道からかなり離れてしまい、徒歩での訪問は難儀になった。

筑波線→筑波鉄道

　常磐線の土浦から分離する筑波線は霊峰筑波山の広い山ろくを走り、国鉄常磐線、水戸線を結ぶのも常総線とよく似ていたが、常総線に比べるとずっとローカル線であった。関東平野に独立山のようにそびえる筑波山には山上に達するケーブルカーの設備もあり、関東平野のシンボルであり、かつては筑波山観光のために、上野から直通列車が運転された時期もあった。土浦まで常磐線を走ってきた客車列車

を土浦から常総筑波鉄道のディーゼル機関車が牽引した。また岩瀬から水戸線を通って東北本線の小山まで新型車による快速列車が走った時期もあり、一番筑波線の華やかなときだったのかもしれない。

　車両の新造はキハ800が最後で、その後の増備は他社からの譲渡車だったと思う、このころは車両のバラエティも多くて楽しかったが、不採算線路として、昭和54 (1979) 年3月に関東鉄道から離れて創業当期の筑波鉄道の名称に戻って別会社化された、

　筑波鉄道の路線は昭和60 (1985) 年に筑波学園都市計画に先立って開かれた「つくば博」の会場からは離れていたので、学園都市開発からも外れていた。かつての筑波駅は新しい筑波学園都市中心部からかなり離れており、筑波鉄道は昭和62 (1987) 年に廃止されてしまう。廃止された多くの線路敷きはサイクリングロードに整備された区間も多い。

　それまでの筑波線の車両増備は筑波観光に軸足を置いたキハ500とキハ800の新造以降、乗客の増加は見込まれず、虎の子のキハ500と800は常総線に転出、代替を含めた車両の増備はすべてが他社からの中古車両であった。折から地方私鉄の廃止、廃線が重なった時期と重なり、北海道の炭鉱鉄道や富山の加越能鉄道、北陸鉄道などから、比較的状態の良い車を購入することができた。このことは同じ茨城県の茨城交通でも見られた。

【取手駅俯瞰】キハ42002を先頭にしたDTD編成が取手駅に到着しようとしている。眼下にはDD502を先頭に下り貨物列車が待機中。写真の右奥には、クハ79を先頭にした上野行電車が引き上げ線に待機している。
◎取手　昭和37 (1962) 年6月　撮影：竹中泰彦

1-1 自社発注車両（戦前）

【キハ40086を先頭にした上り列車】中間はキサハ、
最後部はキハ41021のDTD編成、利用客が多かった
頃の常総線でいつも見られた光景だ。
◎水海道　昭和36（1961）年8月　撮影：髙井薫平

【キハ300（303）】筑波鉄道から引き継いだ気動車で3両が在籍していた。小型のガソリンカーだったが、戦時中は代燃装置を取り付け、さらに戦後はバス用ディーゼルエンジンに取り換えて使用された。
◎真鍋　昭和33（1958）年3月　撮影：髙井薫平

【キサハ54（54）】元常総鉄道のガソリンカーで、筑波鉄道のキハ300とよく似ている。昭和31（1956）年にエンジンを降ろしてトレーラになった。
◎水海道　昭和42（1967）年6月　撮影：髙井薫平

【キホハ61（61）】キハ51の2年後、日本車輌で生まれた。スタイルはキホハ51に倣って幕板の広い日車らしくない鈍重なスタイルを継承したが、車体構造は半鋼製である。ディーゼル化の対象から外れて、晩年はトレーラになっていた。翌年増備されたキホハ62は本来の「日車スタイル」になった。キホハ62はディーゼル化されず、キサハ54として常総線で活躍後、常総線で最期を迎えた。
◎水海道　昭和32（1957）年8月
撮影：髙井薫平

【キハ300（302）】筑波鉄道生え抜きのガソリンカーだが、キハ500の投入で余剰になり、昭和37（1962）年12月に南部縦貫鉄道へと転じた。
◎真鍋　昭和33（1958）年8月
撮影：髙井薫平

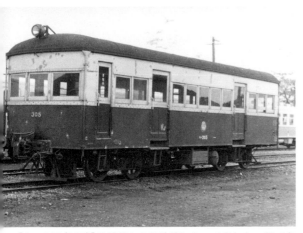

【キハ305 (305)】常総線から筑波線にやってきたキハ61である。キハ51に似せた日本車輛製には珍しく鈍重なスタイルになった。◎真鍋　昭和33 (1958) 年8月　撮影：髙井薫平

【キサハ51 (52)】常総鉄道最初のボギーのガソリンカー、新潟鐵工所最初のボギー式の気動車だが幕板の広い鈍重なスタイルで、のちにエンジンを降ろしてトレーラになった。車体の枠組みは木造で、鋼板を張った構造であった。掲載の写真はキサハを挟んだ3両編成の多い常総線で、珍しくDT編成だった。客用扉が開いていてもお構いなしの「良き時代」の光景だ。◎水海道　昭和32 (1957) 年8月　撮影：田尻弘行

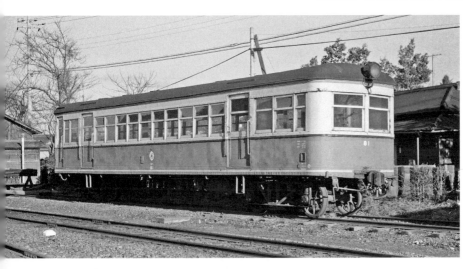

【キハ81 (81)】常総鉄道から引き継いだ戦前の花形車両。昭和12 (1937) 年に登場の時はキハ101,102と称したクロスシートカーであった。同型車が各地にみられるが、車端の狭い窓が特徴である。戦後ディーゼル化されてキハ81,82になった。◎水海道　昭和47 (1972) 年1月　撮影：髙井薫平

【偏心台車】日本車輛が作ったキホハ81,82に使われた偏心台車で、動軸寄りにセンターピンの位置がずれている。これによって動力軸に重量をかけることになり、牽引力が向上できた。日本車輛が得意とし、全国の中小私鉄に広まった。◎水海道　昭和47 (1972) 年1月　撮影：髙井薫平

【キハ80 (82)】昭和12 (1937) 年にキハ81とともに日本車輛で生まれたが、事故で車体を大破し日本車輛東京支店で車体を新造した。その結果、幅1mの広窓を持つ独特の車体に生まれ変わった。◎水海道　昭和42 (1967) 年6月　撮影：髙井薫平

【取手で憩うラッシュアワー専用編成】常総線の朝の通勤列車は木造ボギー車と戦災国電の復旧車によって編成されていた。牽引機は主に8，9号機、編成の両端にはこげ茶に塗られたワブが連結されていた。
◎取手　昭和28（1953）年6月　撮影：髙井薫平

【ホハブ701（702，703）】第二次大戦後、国鉄から払下げを受けた木造客車で、ともに元蒸気動車が前身である。かつての動力側の台車は、客車用のイコライザー付きに代わっている。
◎取手　昭和28（1953）年6月
撮影：髙井薫平

【ナハフ101（105）】筑波鉄道が将来の電車化を前提に製造した電車型客車の生き残り。電化の計画はあえなく潰れ、9両作られた仲間の大半は阪和電鉄、三河鉄道に移り、3両が残って常総線に転じた。
◎取手　昭和29（1954）年9月　撮影：竹中泰彦

【ハフ1（2）】筆者が訪問し始めたころ、どこの車庫にも古い木造の2軸客車が残っていたが、竜ヶ崎線と鬼怒川線を除いて使われている気配はなかった。
◎真鍋　昭和37（1962）年7月　撮影：田尻弘行

【ホハブ701（702）】元蒸気動車
だった。前ページの写真はボ
イラの無かった側で運転台の
跡が残るが、こちら側のボイラ
があった部分は完全にふさが
れて窓もない。外された動力
部分を小型蒸気機関車として
復活させようという試みがな
されたが実現しなかった。
◎水海道　昭和37（1962）年
7月　撮影：田尻弘行

【ナハフ101（105）】前ページと
同じ車だが車掌室側を示す。独
特の窓配置は将来電車化をもく
ろんでいた名残だという。
◎水海道　昭和37（1962）年7
月　撮影：田尻弘行

【トフ3（5）】無蓋貨車の中央部に小さな車掌室を設けた貨車、
貨物列車のしんがりを務めていた。詳しくないがこの種の緩
急車の例は少なく、西武鉄道、東武鉄道、小田急電鉄、相模鉄
道など関東地区の私鉄に多く見られた。
◎取手　昭和37（1962）年6月　撮影：高井薫平

【ワフ103（104）】常総線の貨物列車のしんがりには必ずトフか
ワブが連結された。客車による旅客列車には編成の前後にワブ
がよく連結されていた。
◎水海道　昭和45（1970）年4月　撮影：田尻弘行

【キハ40086（40086）】戦時中、日本鉄道自動車で生まれた3扉の半鋼製客車を昭和29（1954）年に自社工場で気動車化した。台車は同時期に日本鉄道自動車が各地の私鉄に供給した電車に使用したTR25もどきの軸ばね式である（ホイルベースが異なる）。気動車化に際して中扉を埋めて2扉に改めたほかエンジンは日野DA54、時節柄変速装置は機械式である。
◎水海道　昭和42（1967）年1月　撮影：髙井薫平

鬼怒川線

【鬼怒川線】大田郷から分岐し、鬼怒川左岸の三所に至る6㎞の路線で、鬼怒川で採掘した砂利輸送のための路線であった。線路はさらに三所から2㎞弱の砂利採掘用の支線が延びていた。鬼怒川砂利合資会社の路線だったが昭和2（1927）年に常総鉄道が買収、駅も設けて旅客輸送も行うようになったが、駅は町から離れていて利用客は少なく、昭和32（1957）年に旅客営業を廃止、その後、資源枯渇もあって昭和39（1964）年に全線廃止された。◎三所　昭和30（1955）年8月　撮影：竹中泰彦

【DB11(11)】蒸気時代の鬼怒川線の牽引機は5号機、6号機という小型タンク機関車が使用されていたが、DB11が生まれると専用機となっていた。廃線後は水海道の入換に、その後竜ヶ崎線に転じた。
◎大田郷　昭和30(1955)年8月　撮影：竹中泰彦

【ハブ72(73)】明治22(1889)年生まれの鉄道院ニ4037の払下げを受け、ニ202として使用、ワブ306を経てハブ73になった車両(現車表記はハ73)。車高の低い独特のスタイルである。どの程度鬼怒川線に利用者があったかわからないが、当時としても3等車以下の車両だった。
◎三所　昭和30(1955)年8月撮影：竹中泰彦

【出発を待つ大田郷行き列車】
鬼怒川線の列車は当時3往復が設定されていた。
◎三所　昭和30(1955)年8月　撮影：竹中泰彦

【キハ42000（42002）】昭和30（1955）年3月登場した戦後最初の新車である。42002という番号は先に国鉄から譲り受けたキハ42001を意識した命名だ。10年ぶりの新型車は正面2枚窓、Hゴムを多用した当時としては出色のデザインだったが、新製当時は在来車にならって機械式であった。まだ相手もいないし、総括制御の必要もなかった。トルコン化は昭和32（1957）年5月だが、まだ総括制御を考えていなかった。◎水海道　昭和37（1962）年8月　撮影：髙井薫平

【キハ703（703）】昭和40（1965）年、キハ42002はキハ42001と合わせて改造工事を行い、第2エンドの妻部をキハ42001に譲って片運転台化、また総括制御化して気動車による編成列車の合理化が進んだ。その後さらに中扉の両開き化などの改造を行って、最終的にはキハ703になり、キハ42001は番号が入れ替わってキハ704になった。
◎水海道　昭和45（1970）年4月　撮影：田尻弘行

【キハ48000（48002）】昭和32（1957）年、国鉄風の形式で常総線に登場したクロスシートカー。久々の本格的新車で、この車両を用いて取手〜下館間に特急「しもだて」が登場した。営業開始当初はサービスガールも乗せていた。キハ500,800と続く常総筑波鉄道のクロスシートカーの先駆となった。トルクコンバータを装備していながら新造当時、総括制御はできなかった。
◎水海道　昭和32（1957）年5月　撮影：髙井薫平

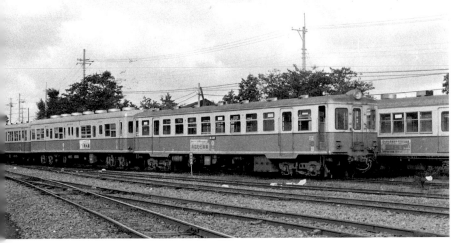

【キハ700（701）】キハ48000のその後の姿で、昭和37（1962）年総括制御式に改造、キハ701,702になった。しかし、クロスシートはラッシュに不向きで、昭和38（1963）年ロングシートに改造、さらに昭和50（1975）年中扉の位置に両開き扉を増設した。
◎水海道　昭和45（1970）年4月　撮影：田尻弘行

【キハ700（702）】東京の通勤区間に組み込まれた常総線のラッシュアワーの混雑はすざましくクロスシート車のロングシート化は全車に及んだが、さらに2扉車に中扉を増設、しかも両開き扉だった。一般に気動車の車体構造は電車に比べて駆動関係が非力だったので、これに合わせて車体の軽量化や簡略化が行われていたが、関東鉄道では果敢に中扉の両開き化を行っている。
◎水海道　昭和61（1986）年12月　撮影：亀井秀夫

【キハ500(502)】昭和44（1969）年、一挙に5両が新造されその気動車離れしたスタイルは気動車デザインに一石を投じたものであった。写真の502号車はコイルバネ付台車で505号から改番された。◎水海道　昭和45（1970）年4月　撮影：田尻弘行

【キハ500の試運転】新製車キハ500の5両は最初全車両が当時観光地として、売り出し中の筑波山を控える筑波線に集中投入された。その後、キハ800の筑波線投入で一部が常総線に転属した。写真は5両全部連結した試運転列車。
◎真鍋　昭和34（1959）年9月　撮影：高井薫平

【キハ500（502）】5両作られたうちキハ501,502の2両は空気バネ付台車が採用された。その後、キハ504,505と車号を交換した。写真のキハ502は元キハ505である。なお、この車は18mクラスと当時の標準になっていた20m車体より少し短く、エンジンは当時発展著しいバス用エンジンで日野のDS40Cを採用したが、のちに鉄道用エンジン標準のDMH17に置き換えられた。
◎岩瀬　昭和38（1963）年5月　撮影：高井薫平

【真鍋で増結作業】真鍋駅で空気バネ付台車のキハ505の前に元雄別鉄道のキハ762を増結する。
◎真鍋　昭和47（1972）年1月　撮影：髙井薫平

【筑波山に向かう】観光客を乗せて筑波に向かうキハ500の3両編成、ただし最後尾にはキハ400が連結されている。
◎筑波　昭和42（1967）年5月　撮影：髙井薫平

【新土浦駅】筑波鉄道の土浦の次の駅として昭和34（1959）年7月1日に開業。ここから200メートル土浦寄りにあった真鍋駅を貨物駅に改め、代わりに設けられた駅である。1面1線だが出入り口がホームの前後2か所に設けられた。写真は土浦寄りの駅舎であり、踏切の道路は旧水戸街道、陸前浜街道、真鍋宿通り、今は国道354号である。反対側の岩瀬寄りの出口を出ると国道125号が交差していた。◎昭和46（1971）年4月6日　撮影：荻原二郎

【岩瀬駅】水戸鉄道により明治22（1889）年1月16日に開業。筑波鉄道が開通したのは1889年1月16日。写真の駅舎は北側。岩瀬町は平成17（2005）年10月1日に近隣の真壁町、大和村と合併して桜川市が発足した。
◎昭和38（1963）年4月26日　撮影：荻原二郎

【佐貫駅】1960年代の竜ヶ崎線の佐貫駅は、国鉄の改札口を出るとすぐ目の前に別の駅舎があった。貨物輸送が盛んな頃は常総線の機関車が渡線を通って国鉄線に入り、貨車の受け渡しをしていた。龍崎鉄道佐貫駅の開業は明治33 (1900) 年8月14日で、常磐線の前身日本鉄道の佐貫駅開設と同時である。JRの佐貫駅は龍ケ崎市の要請を受け、令和2 (2020) 年3月に龍ケ崎市駅へと改称された。◎昭和62 (1987) 年4月8日　撮影：荻原二郎

【龍ヶ崎駅】明治33 (1900) 年8月14日に開業。昭和29 (1954) 年に竜ヶ崎駅に表記を変更しているが、写真の駅名表示は旧字体のままである。国語審議会の決定に従い、国鉄では一斉に旧字体を変更しているのでこれに倣ったものと思われる。後ろは洋風駅二階建て、手前が平屋という作りで、風格があった。昭和46 (1971) 年に、貨物輸送が廃止され、左手にあった機関区、改札口を入って北側の線路、貨物ホームなどはすべて撤去された。駅舎も昭和49 (1974) 年に改築された。左のボンネットバスは江戸崎行。◎昭和36 (1961) 年11月12日　撮影：荻原二郎

霞ヶ浦方向を撮影。中央の左右に走るのが常磐線で、右に土浦駅が見える。駅から霞ヶ浦の間はまだ家が少ない。関東鉄道の筑波線は土浦駅から出ると常磐線と並行、写真左手に走り、左にカーブ、霞ヶ浦にそそぐ新川の橋梁を渡って真鍋へ向かった。1959（昭和34）年には200メートル先に新土浦駅を新設し、真鍋駅は貨物駅になった。写真左下にヤードが見える。真鍋は水戸街道の宿場。写真右下は旧土浦城の一部で、現在は亀城公園として整備されている。
◎昭和40（1965）年9月16日　撮影：朝日新聞社

土浦付近（昭和40年）

土浦駅と駅西側の町の空撮。右の常磐線は下が南で東京方向、上が水戸方向。左側が下りホーム1番線、右のホームが上り。筑波鉄道は常磐線下りと同じホーム反対側の北側0番線から発車していった。駅本屋は西側。ここから西に延びる駅前通りはすぐ先で国道125号になる。◎昭和57（1982）年2月15日　提供：朝日新聞社

【キハ500（502）】常総筑波鉄道で最初の総括制御車だったが、機械式の車両と連結されることも多かった。これは労働組合との関係もあったと聞く。当時、常総筑波鉄道の気動車列車は動力車の各車両に運転手が乗務していた。
◎真壁　昭和37（1962）年8月　撮影：髙井薫平

【キハ800（801）】筑波線のサービス向上と観光客誘致を狙って筑波線に2両、常総線に3両を投入した。キハ500の車長を20m
と大型化し、車内はクロスシート、空気バネ付台車を装備した。筑波線の2両は国鉄の小山駅までの乗り入れにも使用された。
しかし観光鉄道を目指した筑波線の乗客環境は好転せず、昭和40（1965）年全車ロングシート化して常総線に転じた。
◎水海道　昭和45（1970）年4月　撮影：田尻弘行

【小山行直通列車（キハ501）と急行「つくばね」（キハ502）の行き違い】キハ800ができてからは国鉄水戸線に乗り
入れる直通列車はキハ801に変わった。◎筑波　昭和35（1960）年12月　撮影：荻原二郎

【キハ500（505）】急行「つくばね」。真鍋でキハ402と交換する。
◎真鍋　昭和37（1962）年8月撮影：髙井薫平

【キハ900（901）】クロスシートの新車を入れたものの、常総線の通勤客の増加は激しく、気動車による3両編成の列車が日常的になった。しかし常総線の多くの車両は機械式が多く、トルコンを備えた新造車も総括制御に対応していなかった。昭和38（1963）年に2両作られたキハ900は最初から総括制御装置を持ち、新車として初の片運転台式、3扉のロングシート車だった。ちょうどこのころ作られていた国鉄のキハ30,35によく似ていた。ただこの車は3扉車だが従来と同じ片開き扉で戸袋付きであった。◎水海道　昭和45（1970）年4月　撮影：田尻弘行

【キハ900（902）】新車が入ったというので出かけた。国鉄キハ35を少しスマートにした車両が2両連結で整備中であった。しかし実際に使い始めると中間にキサハを挟んで使用された。◎水海道　昭和38（1963）年9月　撮影：髙井薫平

【キハ900（901）】中間に小田急から来たキサハ65を挟んだ最後の姿。これでやっと3扉の3両編成が生まれたが活躍の期間は短かった。
◎水海道　昭和49（1974）年7月　撮影：髙井薫平

【中間にキサハ61を挟んだ3両編成】中間のキサハは国鉄キハ41000の改造車で、2扉、車内はロングシートだった。キハ900に組み込まれるのにあわせてドアエンジンが取り付けられた。◎守谷　昭和45（1970）年4月　撮影：田尻弘行

【キクハ10(11)】客車として昭和32（1957）年に日本車輌で生まれた。ホハ1001を名乗ったがキサハ53と改番、気動車の一員になったが、のちにエンジンを載せてキハ511に、さらにエンジンを降ろしてキクハ11となった。キハ500の2年前の竣工だが、戦前の私鉄電車を思わせる好ましいスタイルであった。◎真鍋　昭和60（1985）3月　撮影：亀井秀夫

1-3 国鉄からの払い下げ車両

【キハ41005（41005）】戦後国鉄から払下げられるキハ41000は常総筑波鉄道の救世主でもあった。すでに国鉄では新しい形式番号キハ04に変わっていたが、常総筑波鉄道ではキハ41005形41005とした。その後、正面2枚窓、片運転台式に改造して鉾田線に転じた。
◎下妻　昭和30（1955）年8月　撮影：竹中泰彦

【キハ42000（42001）】国鉄から戦後譲受けた国鉄キハ42004である。機械式であったが昭和32（1957）年頃液圧式に変更した。
◎下館　昭和37（1962）年8月　撮影：髙井薫平

【キハ610(611)】常総線に残った国鉄キハ07は貫通式片運転台に改造され、在来車に交じって使用された。改造に際して中扉は両開き式に改造、当時の常総線の混雑を物語る。
◎水海道　昭和55(1980)年8月
撮影：髙井薫平

【キハ705(705)】キハ613に改造するため、西武所沢への発送準備で真鍋機関区に留置されていた。
◎真壁　昭和49(1974)年4月28日　撮影：亀井秀夫

【キハ704(704)】昭和29(1954)年、キハ42001は、キハ42002から片方の運転台を移植して片運転台式、キハ704になった。中扉はまだ改造されていない。◎水海道　昭和48(1973)年4月　撮影：亀井秀夫

下館駅の南側から市街の広がる北方向を撮影。下館駅は国鉄水戸線をはさみ、北側は国鉄真岡線（現在は真岡鐵道）、南側から常総線が発着。手前の短いホームに常総線の1両の気動車が見える。三つのホームは跨線橋で結ばれていた。下館市は平成17(2005)年に合併して筑西市に変わっている。◎1954（昭和29）年2月12日　撮影：朝日新聞社

下館付近（昭和29年）

【キハ41000（41001）】木造客車で編成された朝の通勤列車が
取手駅の側線に入ると、気動車の出番だ。写真のキハ41001
は国鉄キハ04だが、懐かしい昔の形式キハ41000に戻り在来
車に混ざって活躍した。国鉄からの払い下げ車両は戦後まだ
混乱期にあった地方私鉄の救世主であった。
◎取手　昭和36（1961）年3月　撮影：小川峯生

【キハ41006】国鉄キハ04であるが、関東鉄道では古い気動車の形式を継承した。木造の扉はプレスドアに替えられている。のちに鉾田線に転じてキハ412になった。◎水海道　昭和37（1962）年8月　撮影：髙井薫平

【キハ41001他】水海道を出発する機械式気動車の３両編成、おそらく中間はキサハだろうが扉は半開き、お客さんも結構乗っている様子である。60年前の日常の一コマ、社形と混じってDTD編成が行く。41001の扉は木造である。◎水海道　昭和37（1962）年8月　撮影：髙井薫平

【取手駅】常総線は取手駅の西側にホームがあるが、写真は国鉄メインゲートの東口。跨線橋を渡って西側のゲートは後からできた。開業は明治29（1896）年12月25日で、鉄道が国有化される前に日本鉄道の駅として開業した。常総鉄道は大正2（1913）年11月1日に開業。駅舎の一部は昭和5（1930）年6月に改築された。常総線は昭和36（1961）年にホームを分離している。
◎昭和42（1967）年11月23日　撮影：荻原二郎

【水海道駅】駅のたたずまいや人の姿、当時は何でもない光景だが、今ではほとんど見られない。駅名表記にローマ字がない。改札口を通るとホーム、その向かい側に島式ホームがあって線路は典型的な3線、さらに並んで水海道機関区があった。駅舎は昭和48（1973）年に建て替えられた。水海道は江戸時代に鬼怒川の河港として発達した町、水の街道（海道）、水飼戸、御津海道、御津垣外などの表記があったようだ。水海道市は石下町などと合併し平成18（2006）年から常総市になった。
◎昭和42（1967）年11月23日　撮影：荻原二郎

【大田郷駅】常総線の下館の一つ手前の駅。かつてはここから西へ向かう鬼怒川線があった。上部がカーブしたパイプの駅名看板は関東鉄道になってからのものだろう。病院の広告が他の看板比べて大きい。この病院は今でもこの駅から約１キロ南にあるが、アクセスは「東北新幹線小山駅で乗り換えて下館からタクシ-10分」と案内している。
◎昭和41（1966）年３月20日　撮影：荻原二郎

【下館駅】かつての駅舎は線路の北側、常総線は国鉄の駅に乗り入れていた。多くの駅に向かう人、バスを待つ人々が写っている。この駅の開業は古く、明治22（1889）年１月16日に水戸鉄道の小山〜水戸間開通に際して開業した。日本鉄道の上野〜友部はまだ開通していなかったので、東京から県庁のある水戸へは小山経由だった。水戸鉄道は日本鉄道に買収され明治39年に国有化された。常総鉄道取手〜下館の開通は1913年（大正２）年11月１日 である。◎昭和41（1966）年３月20日　撮影：荻原二郎

南西側から見た取手駅。写真右下、常磐線から常総線へは跨線橋を通って乗り換えた。西側の常総線のホームに気動車が写っている。右側の国鉄線ホームとの間にはヤードがあり、貨物の取扱いも盛んだった。取手を出ると、常総線は左に分かれる。
◎昭和42（1967）年　撮影：朝日新聞社

取手付近（昭和42年）

【キハ310(311)】昭和27(1952)年に筑波線にやってきた国鉄キハ40009である。41000を短くした車両で現在のJR東日本のキハ100と110の関係に似ている。常総筑波鉄道では他の払下げ車のように国鉄形式を継承せず、大きさの似ていたキハ300の続く車号に収まっていた。
◎真鍋　昭和28(1953)年頃
所蔵：鉄研三田会

【キサハ41800(41801)】もと国鉄キハ0423であるがエンジンなしで購入、キサハとして国鉄の古い形式を採用した。こんなことから、当時の関東鉄道の車両担当者の中にはなかなかの趣味人がおられたのかと想像している。
◎水海道　昭和49(1974)年7月　撮影：髙井薫平

【キサハ60(61)】前身は国鉄キハ41124である、昭和27(1952)年にディーゼル化したが、のちにエンジンを降ろして運転台を撤去、前後に貫通路を設けて、ドアエンジンも取り付けてキハ900編成の中間に入ることになった。
◎水海道　昭和51(1976)年2月　撮影：亀井秀夫

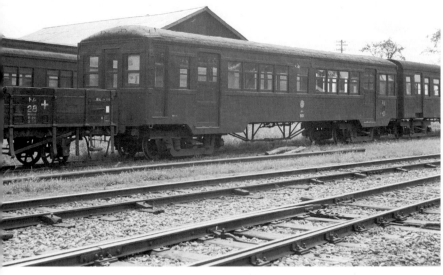

【オハフ800(801)】大戦後、極端な車両不足に対処するため、東京で空襲の被害を受けた17m型国電の払下げを受け、中扉を埋め2扉に改造して客車として使用した。常総線の通勤輸送に活躍したがオハフ801,803は鉾田線に転じた。
◎水海道　昭和30年代後半
撮影：田尻弘行

【オハフ800(802)】オハ802はサハ36からの改造でやはり中央の扉は埋められているが、残りの扉は窓一つ分車端に移設され、細部も改造されている。
◎取手　昭和30年代前半
撮影：田尻弘行

【オハフ800(803)】クハ65からの改造で、扉位置も車端に近づけている。
◎水海道
昭和30年代後半
撮影：田尻弘行

【66年前の水海道機関区】水海道駅にあった水海道駅にあった水海道機関区に憩う。生え抜きのキハ81を押しのけて、国鉄から来たキハ41000が建屋の中に納まっていた。
◎水海道　昭和29（1954）年6月　撮影：竹中泰彦

1-4 国鉄から払い下げられた買収気動車

【キハ41020（41021）】元北九州鉄道（現在の筑肥線）の買収気動車ジハ20の機器流用で、昭和27（1952）年、日本車輌支店で国鉄キハ41000類似の車体を新造した車両。標準のTR26より一回りひ弱な台車だったがのちにTR26と交換した。
◎大田郷　昭和33（1958）年　撮影：竹中泰彦

【キハ83（83）】元北九州鉄道の買収ディーゼルカー、昭和10（1935）年汽車會社東京で生まれたディーゼルカーで強烈な流線型で有名だった。スイス・サウラBUD型ディーゼルエンジンを装備し車内はクロスシートだった。常総入りした時、特徴ある前頭部は正面2枚窓の平凡なものに改造された。最後は鉾田線に移籍した。
◎水海道　昭和33（1958）年10月
撮影：竹中泰彦

【キハ400（402）】昭和18（1943）年国有化された播丹鉄道（現在の加古川線）のレカ16,17である。レカという形式はおそらく「レイルカー」からの命名だろうが、昭和16（1941）年にキハ510,511に改番している。登場時は前後に鮮魚台（バケット式の荷物台）を持っていたが、常総筑波入り後、前後の荷台部分まで車体を延長する大改造を行って竣工した。キハ500が登場するまで、筑波線におけるエースであった。
◎真鍋　昭和37（1962）年8月
撮影：髙井薫平

【キハ40084（40084）】乗り心地の悪かったブリル台車を気動車タイプの台車に履き替えたのちの姿、しかし新しい台車はTR26のような正式タイプではなく、下枠が少し湾曲した独自のものになった。
◎水海道　昭和37（1962）年8月　撮影：髙井薫平

【キハ40084（40085）】電車を気動車化した珍車、買収国電の南武線からやってきたクハ213,214。台車は南海電鉄の古い小さなブリル台車を履いていたが、車体は当時のモハ500などに似せた新造であった。国鉄から払下げを受けた常総筑波鉄道ではこのまま最初は客車とし使用した。また3扉の中扉を塞いで窓を付けた。しかしウインドヘッダーはかつて扉のあった部分は持ち上がったままになっている。その後、自社で気動車に改造した際、ブリル台車をそのまま使用した。
◎水海道　昭和29（1954）年6月　撮影：竹中泰彦

【ブリル台車】南武鉄道（現在の南武線）時代からずっと履いていた台車は元南海電鉄の中古品、Brill27GE-1であったが、昭和33（1958）年に気動車用に交換された。
◎水海道　昭和29（1954）年6月　撮影：竹中泰彦

【ホハフ200（201）】元北海道鉄道（現在の千歳線）の買収ガソリンカー。国鉄で廃車後、弘南鉄道で客車として使用していたものを譲り受けた。兄弟は北海道の雄別炭鉱鉄道で客車として使用された。スタイルは日本車輌のいわゆる「びわこ型」流線形だが窓は１枚下降式になっている。◎真鍋　昭和37（1962）年８月　髙井薫平

【キハ312（312）】紀勢本線の前身である新宮鉄道から来た買収気動車で、松井車輌という中小メーカーの作品である。台車は板台枠で軸バネ式、枕バネはレールと平行に配置されている。両端に鮮魚台を持っていたが常総筑波鉄道では片側は撤去して窓１つ分車体を延長していた。常総線入線後、筑波線に移動、昭和38年にエンジンを撤去、キサハ50を名乗った。◎真鍋　昭和37（1962）年８月　撮影：髙井薫平

ことば解説 阿南鉄道

阿南鉄道（あなんてつどう）は、徳島県小松島と那賀郡羽ノ浦村（現在の阿南市）を結んだ私鉄で路線は現在はJR四国牟岐線の一部になっている。大正２年（1913）年阿南鉄道設立、大正５（1916）年中田から那賀川北岸の古庄間が開業、1930年（昭和５年）ガソリンカーを導入している。昭和11（1936）年中田〜古庄間国有化。機関車３両、蒸気動車１両、ガソリンカー４両、客車８両、貨車12両が引き継がれた。

【キハ753(753)】国鉄御殿場線の電化で失職した小田急キハ5000,5100は全車が関東鉄道に譲渡された。小田急キハ5100が前身、キハ5000が少し狭いクロスシートで評判悪かったので、シートの間隔を広げ、そのため窓の大きさと間隔が751,2と異なる。写真ではキクハ11を連結している。◎水海道付近　昭和49(1974)年7月　撮影：髙井薫平

【キハ751(751)】小田急電鉄が御殿場乗り入れ列車設定のため、国鉄キハ44600に先んじて生まれた初の2基エンジン装備車、キハ5001,5002が前身である、関東鉄道では客扉を2個増設してすっかり通勤用車両になった。キハ751〜755の2個エンジン車の導入でトレーラ連結も余裕を持つことになった。◎水海道　昭和55(1980)年2月　撮影：髙井薫平

【キハ751（751）】動力車ばかりの3両編成、各車に機関士が乗り込んでいた時代が懐かしくなるが、近代化が進んできた。
◎水海道　昭和49（1974）年7月　撮影：髙井薫平

【キハ753（753）】元小田急キハ5100でクロスシートの間隔が広げられたため窓配置が異なる。関東鉄道ではロングシート化、客用扉の増設が行われた。◎水海道　昭和55（1980）年12月　撮影：亀井秀夫

【キハ753（754）】車体の改造を最小限にとどめるため、外吊り式扉が採用された。
◎水海道　昭和55（1980）年12月　撮影：亀井秀夫

【キクハ1（4）】屋根上の押し込み式通風器、小田急時代を彷彿とさせる貫通路の手すり、などスタイルは電車時代とあまり変わっていない。台車も小田急時代のTR11である。
◎水海道　昭和47（1972）年1月　撮影：髙井薫平

【キサハ65（66）】元小田急のクハ1650であるが、3両はキクハにならずキサハとして編成の中間に入った。
◎水海道　昭和48（1973）年4月　撮影：亀井秀夫

【運び込まれた小田急電鉄クハ1650形】近代化のため小田急電鉄から特別準急用のキハ5000,5100とともにクハ1650を購入。制御気動車、付随気動車として使用したが、写真はその改造工事を待つクハ1654。
◎水海道　昭和47（1972）年1月　撮影：髙井薫平

【キハ755（755）】南海電鉄が国鉄紀勢線に乗り入れて白浜まで行く快速列車「きのくに」用に生まれたキハ5501が前身である。主要データは国鉄キハ55に準じるが、5両のうちこの車両は事故廃車になったものを譲り受けた。関東鉄道では西武所沢工場で両扉2か所増設、わが国唯一の4扉気動車となった。
◎水海道　昭和49（1974）年7月　撮影：髙井薫平

【キハ755（755）】このアングルから見るとわが国唯一の4扉気動車のドア配置がよくわかる。車端寄りの2枚は南海時代からのもので、新しく増設された2枚は関東鉄道が得意とする両開き式が設けられた。
◎水海道　昭和49（1974）年9月　撮影：亀井秀夫

【加越能鉄道キハ125】昭和47（1972）年に廃止となった富山県の加越能鉄道の気動車は、廃止の数日後に全車水海道にやってきた。加越能鉄道では廃線が決まってから車両の手入れは悪くなり、かなり汚れた姿で水海道に到着した。のちにキハ431,2として鉾田線に投入された。
◎水海道　昭和47（1972）年3月　撮影：髙井薫平

中央下に見えるのが建設中の常総線新守谷駅で、左手が守谷、取手、右手が下館である。東側からの撮影である。この駅は昭和57（1982）年3月27日に開業。駅前からは広い道路が開設されている。上部の左右に伸びるのは建設中の常磐自動車道で、左が東京方面。写真で黒く見える一帯は、現在では開発されてビルや宅地となり、市街地化している。
◎昭和56（1981）年7月31日　撮影：朝日新聞社

新守谷付近（昭和56年）

常総線新守谷駅舎の完成が近づいている。駅は2面3線、線路の右下が取手方面である。左手の南北の広い道路は国道294号。
◎昭和57（1982）年2月15日　撮影：朝日新聞社

新守谷付近（昭和57年）

【キハ760(762)】キハ760は北海道の釧路から阿寒湖の方向に出ていた雄別炭鉱は豊富な出炭量を誇る北海道でも有数の炭鉱鉄道であったが、国策によって昭和45(1970)年に閉山し、新車同然の気動車を含め、本州の非電化私鉄にやってきた。雄別鉄道時代キハ49200Yと称し、車体は国鉄のキハ21に準じていたがトイレはなかった。
◎真壁　昭和50(1975)年4月　撮影：髙井薫平

【キハ760（762）】昭和45（1970）年に廃止となった北海道の雄別鉄道キハ49200Y1〜3を譲り受けたもので、国鉄のキハ21に準じたものであるが、台車は菱枠型のTR29と同系のNH38を採用している。筑波線最後まで主力として活躍した。
◎真鍋　昭和48（1973）年4月　撮影：髙井薫平

【キハ813（813）】雄別鉄道からやってきた6両の気動車のうち、最後の新車だった。あとから作られた3両は台車を国鉄形に改め、その頃キハ55などに見られた1段上昇式窓になった。ラストナンバーのキハ106は片運転台式で、関東鉄道でも形式が分かれた。◎水海道　昭和60（1985）年9月　撮影：髙井薫平

【キハ540（541）】昭和32（1957）年に日本車輌で製造された北陸鉄道標準スタイルのコハフ5301を6年後、DMH17を付けた気動車に改造したもの。車体の一端に鮮魚台を持つ不思議な車両。北陸鉄道では使用機会が少なく、エンジンを取り換えるなど難儀していたが、予備的存在であった。（上下とも）
◎真鍋　昭和60（1985）9月
撮影：髙井薫平

【キサハ70（71）】江若鉄道が昭和44（1969）年1月に廃止された際、多くの車両が関東鉄道にやってきた。この車は江若鉄道生え抜きのガソリンカーだったが、のちに編成列車の中間に入るためキサハに改造されていた。
◎水海道　1973（昭和48）年1月
撮影：亀井秀夫

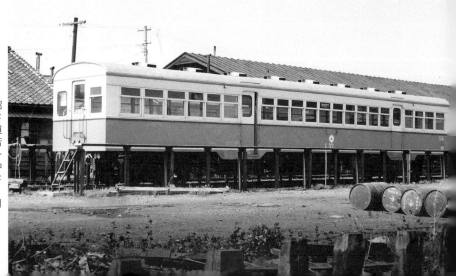

【キハ720(721)】昭和62(1987)年富士重工業で作られた元加越能鉄道キハ187、加越能鉄道最後の新車だが、活躍の期間は短かった。昭和46(1973)年入線、翌年大栄車輌で片運転台化、同時に中扉を両開きに改造した。
◎水海道　昭和50(1975)9月　撮影：髙井薫平

【加越能鉄道キハ162】昭和49(1974)年廃止になった加越能鉄道加越線の気動車は、そのほとんどが関東鉄道に第2の職場を求めた。もともと昭和11(1936)年に川崎車輌で生まれた国鉄キハ42023だが、その後江若鉄道に移りキハ24となり、さらに貫通幌付きに大改造、キハ5024となり、さらに加越能鉄道に移りキハ162となった。写真は常総入り直後の姿で、のちにキハ551となり、中扉を両開き、片運転台式に改造された。
◎水海道　昭和49(1974)年5月　撮影：髙井薫平

【キハ510(511)】素性のよくわからない江若鉄道唯一の新造車である。前照灯周りのデザインが独特であった。元江若鉄道キハ5120で最後は筑波線に属した。
◎真鍋　昭和47(1972)年1月
撮影：荻原二郎

【キハ460（461）】北陸鉄道からやってきた元国鉄キハ04だが北陸鉄道に来る前は遠州鉄道で、遠州二俣まで乗り入れ用に用いられたもので、すでに総括制御式に改造されていた。北陸鉄道では唯一の非電化路線能登線で使用されたが、同線廃止後、関東鉄道入りして、筑波線で使用された。
◎真鍋　昭和60（1985）9月
撮影：高井薫平

【キハ820（821）】元国鉄のキハ1047である。国鉄から大量の気動車が入った時期があるが、そのまま大きな改造もなく使用された唯一のキハ10だった。
◎真鍋　昭和60（1985）9月
撮影：高井薫平

【キハ820（821）】元国鉄のキハ10であるが、大きな改造もなく筑波線廃止時まで筑波線オリジナル車両に交じって使用された。
◎真鍋　昭和60（1985）年9月
撮影：高井薫平

関東鉄道の各社統合・分離図

(作成：矢崎康雄)

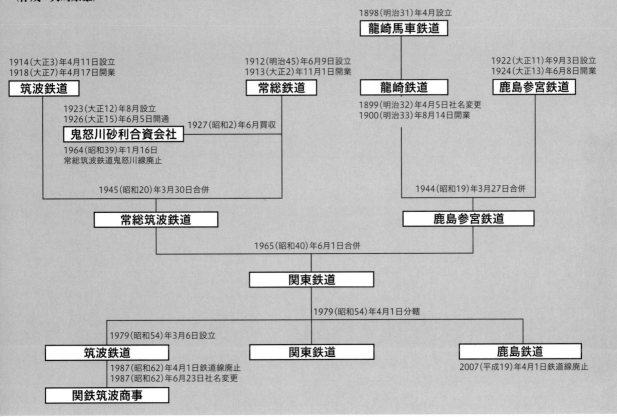

- 1898(明治31)年4月設立 **龍崎馬車鉄道**
- 1914(大正3)年4月11日設立 / 1918(大正7)年4月17日開業 **筑波鉄道**
- 1912(明治45)年6月9日設立 / 1913(大正2)年11月1日開業 **常総鉄道**
- 1899(明治32)年4月5日社名変更 / 1900(明治33)年8月14日開業 **龍崎鉄道**
- 1922(大正11)年9月3日設立 / 1924(大正13)年6月8日開業 **鹿島参宮鉄道**
- 1923(大正12)年8月設立 / 1926(大正15)年6月5日開通 **鬼怒川砂利合資会社** — 1927(昭和2)年6月買収
- 1964(昭和39)年1月16日 常総筑波鉄道鬼怒川線廃止
- 1945(昭和20)年3月30日合併 **常総筑波鉄道**
- 1944(昭和19)年3月27日合併 **鹿島参宮鉄道**
- 1965(昭和40)年6月1日合併 **関東鉄道**
- 1979(昭和54)年4月1日分轄
- 1979(昭和54)年3月6日設立 **筑波鉄道**
- **関東鉄道**
- **鹿島鉄道** — 2007(平成19)年4月1日鉄道線廃止
- 1987(昭和62)年4月1日鉄道線廃止 / 1987(昭和62)年6月23日社名変更 **関鉄筑波商事**

【出発待ち】水海道で待機するDD502牽引の上り列車。◎昭和43(1968)年8月　撮影：髙井薫平

1-6 常総筑波鉄道の機関車

【常総線 A1（3号機）】アメリカボールドウイン製軸配置1C1で国鉄形式3300形の仲間である。8，9，51号機の予備機だったが、車両が不足した茨城交通湊線で現役復帰した。
◎水海道　昭和29（1954）年7月　撮影：竹中泰彦（上・中・下3枚とも）

【筑波線 6(6号機)】旧筑波鉄道の主力機関車で大正13(1924)年、6，7号機の2両が作られた、同系機がほかにもみられる汽車會社の標準型であった。◎真鍋　昭和15(1940)年頃　撮影：大谷正春

【筑波線 A1(8号機)】バック運転で筑波鉄道特有の電車型木造客車を引く8号機。バックにキハ302が写っている。
◎真鍋　昭和15(1940)年頃　撮影：大谷正春

【常総線 A8（8号機）】大正13（1924）年、汽車會社で生まれた自社独自設計のタンク機関車、台湾鉄路局のCK100とほぼ同型であるがこちらは使い慣れた飽和式である。貨物列車のほか、ラッシュ時にはボギー客車を連ねた通勤輸送にも活躍した。DL投入後もしばらく予備機として残った。
◎水海道　昭和30（1955）年8月　撮影：竹中泰彦（上・中・下3枚とも）

【常総線 A8(9号機)】当時
取手駅には給水塔があり、
ここで給水した。
◎取手　昭和29(1954)年
6月　撮影：竹中泰彦

【常総線 51(51号機)】昭和18
(1943)年に増備された国鉄
C12相当の機関車である。ただ
国鉄C12が加熱式だったのに対
し、常総鉄道では使い慣れた飽
和式を採用した。8,9号機の
陰に隠れた予備的存在であっ
た。
◎水海道　昭和37(1962)年8
月　撮影：髙井薫平
(中・下2枚とも)

【水海道付近】南東側から北西方向を撮影。下の線路が常総線で左手が取手方向。水海道駅の後ろが水海道の市街、後方に見える鬼怒川にかかる橋は国道354号の豊水橋。ヤードには車両が並び転車台もみえる。車庫は平成4 (1992) 年に取手方に移っている。◎昭和29 (1954) 年2月12日　撮影：朝日新聞社

水海道付近（昭和29年）

【DC201（201号機）】筑波山が観光地として人気の高かった頃から昭和59（1984）年まで、上野から客車による直通列車が走っていた。客車は一般客車で編成されていたが、やがて14系客車も使用された。牽引機はDC201である。新三菱重工業製で昭和28（1953）年に製造された小型機関車だが、そのうちに直通列車の牽引はDD501に変わった。
◎筑波　昭和42（1967）年5月　撮影：髙井薫平

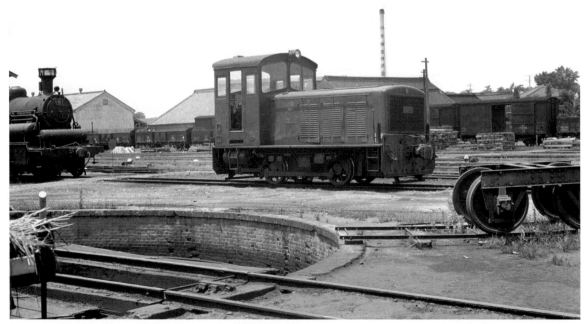

【DB11（11号機）】これまで地方鉄道の主役だった蒸気機関車にかわる動力近代化の切り札として、各車両メーカーがしのぎを削ったディーゼル機関車試作競争の先鞭をつけた車両で、常総線で公開の牽引力試験も行われた。常総筑波鉄道の鬼怒川線は大田郷から分かれて三所に至る6.0kmの路線。三所で鬼怒川から採掘された砂利を搬出する目的で大正12（1923）年開業、昭和2（1927）年から旅客輸送も行っていた。DB11は新造と同時に入線し、蒸気機関車を駆逐したが、のちに水海道の入替に転じ、さらに竜ヶ崎線に移って使用された。◎水海道　昭和37（1962）年8月　撮影：髙井薫平

84

【DD502（502号機）】日本車輌で作られたセミセンターキャブの機関車。かつては朝の通勤列車で客車を牽いていた。現在も常総線に唯一の機関車として在籍する。◎水海道　昭和37（1962）年8月　髙井薫平（上・下2枚とも）

【DD500（501号機）】関東鉄
道最初のＤ型ディーゼル機
関車、新三菱重工業製で同
社のディーゼルエンジン２
基を備える。当時はディー
ゼル機関車の黎明期で、各
社が試作機関車を競ってい
たころの１両である。最初
常総線の所属だったが、の
ちに筑波線に転じた。
◎水海道　昭和33（1958）
年４月
撮影：髙井薫平

【DD45（451号機）】新三菱重工業製の試作機関車、Ｄ型だが、BBのボギーではなく軸配置Ｄの珍しい機関車。最初は常総線の所
属だったが、のちに鉾田線に転じた。◎水海道　昭和45（1970）年４月　撮影：田尻弘行

【DD501号機の牽く「つくば号」】新三菱重工業のBB、センターキャブの機関車、新製時は常総線に属していたが、国鉄直通「つくば号」を牽引するため筑波線にやってきた。
◎昭和54（1979）7月　筑波〜常陸北条
撮影：荻原二郎

自衛隊霞ヶ浦駐屯地への専用線

　この専用線が消えて久しいが、常磐線の荒川沖駅の東側から霞ヶ浦の方に行く専用線が出ていた。陸上自衛隊の霞ヶ浦駐屯地、大正8年に旧海軍が作った霞ヶ浦海軍航空隊の霞ヶ浦飛行場は昭和4年にドイツの飛行船、ツエッペリン伯号が着陸したことで知られる。この路線はその物資輸送用の路線で、ある時期、鹿島参宮鉄道鉾田線、竜ヶ崎線で活躍したキ

ハ40401,2がこの側線で客車として使用されたという。蒸気機関車を含む機関車が使用されたようだが、昭和30〜40年頃に常磐線の車窓から出会ったのは、神鋼電機製らしい凸型の蓄電池電気機関車だった。輸送の主体が自動車に移って、不定期に貨物列車が走っていたが昭和60年頃に姿を消した。

◎荒川沖　昭和32（1957）年7月　撮影：竹中泰彦

関東鉄道の切符 （所蔵：堀川正弘）

甲冊 № 0858				№ 17	
車内補充券			関　東　鉄　道 水海道車掌区乗務員発行		
事由	片道	原券	普通	人員	日 付
	区変		定期	大 小	30 4
	別途		回数	1 1	20 5
	紛失	手回り品		2 2	0 6
記事				3 3	1 7
				4 4	2 8
				5 5	3 9
駅 名	駅 名	から	まで	有 効	
東 京	取 手		○	2日 3日	
品 川	西取手			5000	
川 崎	寺 原			3000	
新 宿	新取手			1000	額
高田馬場	稲戸井			500	
秋葉原	戸 頭			400	
上 野	南守谷			300	収
日暮里	守 谷			200	
渋 谷	小 絹			100	
池 袋	水海道			90	
南千住	北水海道			80	額
北千住	中 妻			70	
金 町	三 妻			60	
松 戸	南石下			50	
柏	石 下			40	（円）
小 山	玉 村			30	
水 戸	宗 道			20	
表示金額（円）	100	下 妻		10	
	120	大 宝		概 算	
	140	騰波ノ江			
	200	黒 子			
	250	大田郷			
	300	下 館			

甲冊 0434																		№ 05			
常総筑波鉄道　社線内					車掌切符						真鍋車掌区乗務員発行										
駅名	土浦	真鍋	新土浦	虫掛	坂田	常陸藤沢	田土部	常陸小田	常陸北条	筑波	上大島	酒寄	柴尾	常陸桃山	真壁	樺穂	東飯田	雨引	岩瀬
発		●																	
着	●																		
運 賃	六〇円	七〇円	八〇円	九〇円	八〇円	小児	事由	片道 乗越	通用当日限り	月	1	2	3	4	5	6	7	8	9	10	11	12
	五円	一〇円	二〇円	三〇円	四〇円	五〇円				日	1	2	3	4	5	6	7	8	9	10	20	30

左列の鹿島参宮鉄道の往復切符には３等の表記があるので昭和35（1960）年6月以前のもの。常総筑波の「電環」行の切符が「山手線内」の表記になるのは、昭和47（1972）年9月以降である。また、日本中でここだけなのが常総筑波鉄道の車内補充券。「車掌切符」の表示は、私の知る限りここだけである。また、手書きのような文字が何とも言えず温もりが有るものだ。廃止間際の切符には、既に廃止となった駅名が記載されているのも興味深い。

2章
鹿島参宮鉄道

【列車交換】DD902の牽く貨物列車と交換する。◎玉造町　昭和49（1974）年5月　撮影：髙井薫平

常総筑波鉄道・鹿島参宮鉄道→関東鉄道

鉾田線→鹿島鉄道

　霞ヶ浦に沿って走っていた鉾田線の方も蒸気機関車が健在で、竜ヶ崎線の機関車に比べ一回り大きく、当時ぼくが見た機関車は、いずれも国鉄から払い下げを受けたものであった。沿線に自衛隊の基地があり、そこの燃料輸送も担っていたので貨物輸送が盛んだった。自衛隊の基地は今では茨城空港も併設されているが、鉄道による燃料輸送はパイプラインに代わり、この鉄道の使命は終わった。鉾田線にＤＬが入ったのは1959年だが、新造機ではあるものの、あのころ各メーカーがしのぎを削って試作したメーカーの試作的要素の強い機関車ばかりが集められた。あちこちから集めた気動車たちも元気だった。中に特異だったのは東横電鉄が電力事情の対応のため作られた流線型のキハ1が存在したことであった。集められた気動車は多種に及んだ。昭和30年後半になると常総線や筑波線には新造気動車が多く投入されていたが、鉾田線には新造車は戦前作られたキハ201が最後で、その後は国鉄の旧型気動車、さらに北海道や加越能鉄道の小型車が入った。しかし1998（平成10）年になってパノラマ2枚窓、流線型の軽快気動車を2両投入、さらに3年後に2両を増備して、将来に期待をかけたが、頼みの航空機燃料輸送がパイラインに代わって、貨物輸送がなくなることになり、当然のように全線が廃止された。

　沿線にはのちに茨城空港に昇格する自衛隊や米軍の百里基地があったので、のどかな農村地帯に似つかわしくないタキ列車が走っていたが、パイプラインの完成と共に貨物輸送はなくなり、鉄道全体の需要もなくなって、2007年に廃止されてしまう。

竜ヶ崎線

　常磐線佐貫から竜ヶ崎まで5km足らずの区間を、2両のCタンクが混合列車を引いていた。僕が初めて訪問した地方私鉄だった。終点の竜ヶ崎にはいろいろな車両がたむろしていて、構内のはずれにあった高いポプラの木が印象的だった。

　一番頻繁に使われていたのはキハ40402という小型のディーゼルカーで、「みずほ」と書いた小さなヘッドマークがついていた。そのころ世間で流行っていた国鉄のキハによく似たブルーとクリームではなく落ち着いたマルーン1色に塗られ、窓枠は黄色く塗られているのが斬新に見えた。不思議なのは正面の窓の大きさで国鉄のキハ41000に似て4つの窓が並んでいたが、窓の幅が非対象なのが不思議だった。

　鹿島参宮鉄道の竜ヶ崎線の終点、竜ヶ崎にはやたらにたくさんの車両がたむろしていた。現在のDC 3両だけという陣と比べると、当時は賑やかだった。蒸気機関車は4両あり、1両を使用、1両は構内に待機し、八幡製鉄から来たという1両は機関庫の奥に突っ込まれていた。気動車の方は通常毎日走っている1両がボギー車、あとはエンジン付きの単車が2両、客車代用の片ボギーが1両、ほかはマッチ箱客車が数両あり、気動車に牽引されていた。車庫の奥に突っ込まれていた客車の1両は確か仕切られた部屋ごとに扉が付いていたと思うが、ボケボケの写真を1枚撮っただけだった。外に居た荷台付きのガソリンカーはとても走っているようには見られなかったが、何年かたって常磐炭田の大日本炭鉱を訪問した時、改軌されてすっかり新しくなった構内の片隅に、うすい灰色に装いも新たにしたこの車に出会った。多分従業員輸送用に買ったものだろうが、その後の消息は知らない。

　列車はほとんどが気動車だったが、日に何回かはCタンクが牽引する混合列車だった。信じられない話でが、佐貫駅の貨物入れ換えには竜ヶ崎線の機関車が使用されており、特急が疾走する常磐線に乗り入れていた。

【キハ42200（42202）】鹿島参宮鉄道時代のキハ42202、当時の鹿島参宮鉄道の車両は茶色１色で窓枠は原色に近い黄色に塗られていた。また「そよかぜ」と書かれた丸いプレートを付けていた。◎石岡　昭和30（1955）年３月　撮影：竹中泰彦

【鉾田線のラッシュアワー？】今では考えられない風景である。中扉のところの撮影者に気づく男性を見ると車内はかなり混んでいる。手前のキハ42201はその後大改造されてキハ651になった。◎常陸小川　昭和34（1959）年１月　撮影：竹中泰彦

【石岡駅】かつて多くのローカル私鉄がそうであったように、石岡から出る関東鉄道は国鉄の駅を間借りしていた。この駅舎は国鉄石岡駅。平成27 (2015) 年9月5日から橋上駅になり、東西自由通路ができた。石岡駅の住所は石岡市国府一丁目、石岡は奈良時代常陸の国の国府がおかれていた。江戸時代の宿場の地名は府中だったが、明治2 (1869) 年、時の藩主松平頼策 (よりふみ) が石岡藩に改称。彼は知藩事 (現在の知事に相当) になったものの僅か2年後の明治4 (1871) 年に廃藩置県が行われて免官となった。国分寺もあり長い歴史がある町である。石岡駅の開設は明治28 (1895) 年11月4日に、日本鉄道土浦線の駅として開業した。土浦〜田端は翌年に開通。水戸へは当初小山から今の水戸線経由で明治22年に開通した。鹿島参宮鉄道が開業したのは大正13 (1924) 年6月8日である。◎昭和41 (1966) 年5月29日　撮影：荻原二郎

【浜駅】駅名表示は旧字体、ローマ字部分は国鉄と逆でSTATIONが先。大正15 (1926) 年8月15日に開業。この時点では石岡からの線路はここまでで、同じ鹿島参宮鉄道が運行する霞ヶ浦の汽船がここから鹿島神宮へ参拝客を運んだ。かつては島式2線だったが、昭和38 (1963) 年2月1日に交換設備が廃止されて無人駅になった。ホーム駅舎は霞ヶ浦とは反対側にあった。◎昭和36 (1961) 年11月23日　撮影：荻原二郎

【玉造町駅】昭和3（1928）年2月1日に開業した。写真からは鉾田線の駅の中では新しく見える。島式ホームが1本、2線、廃止の時まで交換設備が使用されていた。今や駅の建物・設備などはすっかり撤去されている。駅前にあった公衆便所と玉造町駅前というバス停留所の名前が残っている。◎昭和36（1961）年11月23日　撮影：荻原二郎

【鉾田駅】昭和4（1929）年5月16日に開業。昭和14（1939）年4月1日から新駅舎での営業を開始した。3線の終端駅だったが、廃止時は1線両側ホームだった。駅舎は北側にあり、正面入り口の上に三角のエンブレムが付けられていた。開業当初のたたずまいと、昭和初期の面影を残していたということで平成12（2000）年に関東の駅百選（第4回選定）に選ばれた。駅は町の西はずれにあり、昭和60（1985）年に開業した鹿島臨海鉄道の新鉾田とは1km以上離れていた。
◎昭和36（1961）年11月23日　撮影：荻原二郎

【キハ42202とキハ42501のDD編成】まだ機械式気動車
全盛の時代、機関士は各車に乗車、協調運転だった。ブ
レーキの操作は先頭の運転手が担当した。
◎玉造町〜浜　昭和42（1967）年5月　撮影：髙井薫平

【霞ヶ浦を見て走るキハ42202】東京急
行の前身東京横浜電鉄が電力事情対応
で投入した急行用ガソリンカーが前身
である。その後の社会情勢の変化で東
横線での使用期間は短く、五日市鉄道、
神中鉄道に譲渡された。そのうち南武
鉄道を経て国鉄に買収された旧五日市
鉄道の2両(キハ2,8)を戦後譲り受
けたもので、最後まで東横のガソリン
カーのスタイルをよく残していた。キ
ハ42201は昭和42(1967)年に切妻2
枚窓に改造、キハ651になったがキハ
42202の方は改造されずに残った。
◎浜付近　昭和42(1967)年5月
撮影：髙井薫平

【キハ41300（41301）】国鉄から昭和33（1958）年5月にやってきたキハ04 7である。大きな改造もされず、廃車まで使用された。
◎常陸小川　昭和34（1959）年　撮影：竹中泰彦

【キハ200（201）】昭和11（1936）年に日本車輌東京支店で生まれた鉾田線生え抜きの小型気動車、スタイルは当時日車が各地に送り出した雨樋が前部で屋根とともに、ウインドヘッダーの位置まで下がっている流線形である。このデザインは同社の自信作で、気動車のほか日本最初の連接車、京阪電気鉄道の「びわこ」が最初に採用されている。鉾田線のキハ201はこのシリーズで最も小型である。余談だが昭和38（1963）年クラウスの牽く特別列車が運転された時、客車としてこの車が使用された。
◎石岡　昭和36（1961）年
撮影：竹中泰彦

【キハ200（201）】鹿島参宮鉄道唯一の生え抜きだったが、小型すぎて予備車に回っていた。
◎石岡　昭和34（1959）年5月　撮影：髙井薫平

【キハ40400（40401）】元芸備鉄道（現在の芸備線）から国鉄に引きつがれた買収気動車、鹿島参宮鉄道に昭和23（1948）年に入線、しばらく客車として使用されたのち気動車として復活、昭和30年代はキハ42200とともに鉾田線の主力として「かすみ」のヘッドマークを付け活躍した。
◎石岡　昭和30（1955）年3月
撮影：竹中泰彦

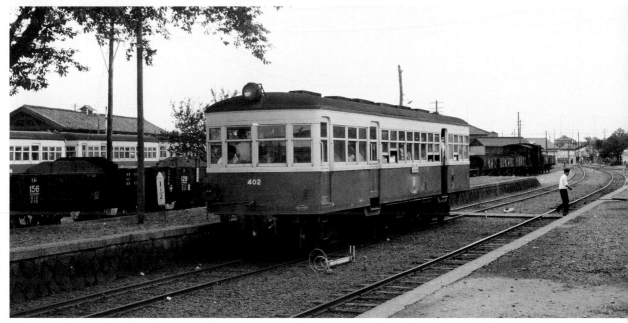

【キハ401（402）】芸備鉄道からの買収気動車。原形は前後の鮮魚台を持っていたが筑波線に入るときその部分まで車体を延長した。
◎真鍋　唱和37（1962）年8月　撮影：髙井薫平

【キハ42200（42201）】関東鉄道の一員となり、特徴あった鹿島参宮塗装は金太郎の腹掛けタイプの平凡なものに変わった。
◎石岡　昭和38（1963）年9月
撮影：髙井薫平

【霞ヶ浦をバックに走るキ
ハ651】◎桃浦付近
昭和55 (1975) 年5月
撮影：高井薫平

【キハ650 (651)】人気のあった
元東京横浜電鉄 (後の東急) の
キハ1の独特な流線形は使いに
くかったのか、昭和42 (1967)
年に自社工場で正面2枚窓切妻
の車体に生まれ変わったが、変
速装置は変更されず機械式のま
まであった。
◎昭和47 (1972) 年4月
撮影：高井薫平

【キハ42500 (42501)】関東鉄
道になって塗色の変更が行われ
た。まだ機械式だったが昭和
50 (1975) 年、液圧式、総括
制御車に改造、キハ615とな
り、常総線に移った。
◎石岡　昭和47 (1972) 年1
月　撮影：高井薫平

【キハ42500（42501）】鉾田線に最初に入ったキハ07で、黄色に塗られていた。
◎玉造町〜浜　昭和42（1967）年5月　撮影：髙井薫平

【オハフ801（803）】ラッシュアワー対策でオハフ801ともに常総線からやってきた。詳しい使用状況は分からないが、DC351が
牽引機であった。◎石岡　昭和42（1967）年5月 撮影：髙井薫平

【キハ600（601）】元国鉄キハ
07 29が前身で、キハ41000が
片運転台のユニットに改造さ
れたのに対し、20mの大型車
であるキハ07は両運転台式の
まま近代化された。特徴ある
半円を描いた運転台周りを西
武所沢工場で乗務員扉付きの
切妻3枚窓に改造した。また
冷房装置も取り付けられ、単行
または2連でその後の鉾田線
の廃止まで使用された。
◎常陸小川　昭和49（1974）
年7月　撮影：髙井薫平

【キハ600（601）】キハ611の側面
改造と異なり中扉が1枚扉、半円
形の前頭部は大改造により折妻
に改造。乗務員扉も新設された
が側面の窓配置などにキハ07を
彷彿させる。
◎石岡　昭和50（1975）5月
撮影：髙井薫平

【キハ410（412）】キハ41006を片運転台式に改造、
41005を改造したキハ411と2両固定編成になっ
た。片運化によって車掌台側に乗務員室を新設した。
◎石岡　昭和50（1975）年5月　撮影：髙井薫平

【キハ710（711）】廃線になった北海道の三井芦別鉄道からキハ711〜713が昭和47（1972）年6月にやってきた。ワンマン化されず、クロスシートもそのまま残っていた。平成元（1989）年に新造車KR500が投入され、平成3（1991）年〜平成4（1992）年に姿を消した。◎浜　昭和49（1974）年7月　撮影：髙井薫平

【キハ715（715）】元夕張鉄道の車両だが、転換式クロスシートをつけて登場したため、シートに合わせて窓幅が狭くなっている。北海道勢5両の新しい気動車の投入で鉾田線の近代化は一気に進んだが、その後も沿線の住宅地開発なども積極的で久々の新車投入もあったが、関東鉄道4線の中で一番首都圏から遠く、また航空燃料輸送もなくなって鉄道廃止が早まった。
◎石岡　昭和50（1975）年5月
撮影：髙井薫平

【キハ430（431）】加越能鉄道キハ125で全長16mの小型車である。東急車輛製で、東武鉄道熊谷線のキハ2000と同型である。ワンマン化工事も行われたが冷房装置は取り付けられなかった。
◎石岡　昭和49（1974）年 7 月　撮影：髙井薫平

【KR500（503）】平成19（2007）年 4 月に分離した鹿島鉄道が平成元（1989）年と平成 4 （1992）年に新造した 4 両の新造車である。当時としては最適の設備を備えていた。新車投入で経営の改善を図ったが、頼みの航空燃料輸送が廃止になって旅客輸送の増加も見込まれず、平成19（2007）年に廃止された。
◎浜〜玉造町　平成19（2007）年 3 月　撮影：矢崎康雄

【列車交換：キハ713とキハ41303】新旧気動車の行き違い、この後機械式気動車の淘汰は一気に進んだ。
◎常陸小川　昭和50（1975）年
撮影：髙井薫平

【貨物列車出発】6号機と3号機重連の牽く鉾田
行きの貨物列車が石岡駅を出発する。
◎石岡　昭和30（1955）年3月　撮影：竹中泰彦

【鉾田線6号機】点検中の4号機の脇を6号機が通過する。◎石岡　昭和30 (1955) 年3月　撮影：竹中泰彦

【鉾田線 3 (4号機)】九州鉄道が明治28 (1895) 年から明治30年にかけて輸入したドイツ・クラウス社の機関車で、国有化により国鉄形式1400となった。このうち1403, 1412号機の2両が国鉄から昭和2 (1927) 年に入線したものである。4号機はDL入線後も予備機として在籍した。◎石岡　昭和36 (1961) 年　撮影：竹中泰彦

【鉾田線 3（4号機）】4号機はDL
入線後も予備機として在籍し
た。国鉄形式1400は国有化前
の九州鉄道が輸入し、万能機関
車として重用され、国鉄で廃車
後そのほとんどが北は北海道か
ら地元九州の私鉄や専用線に払
い下げられた。この2両もその
仲間であった。
◎石岡　昭和32（1957）5月
撮影：竹中泰彦

【野外での定期点検】鉾田の機
関区のピットは日常作業に使
われるため、大きな定期点検は
屋外にやぐらを組み、野外で行
われた。
◎石岡　昭和32（1957）年5月
撮影：竹中泰彦

【工場引き込み線】石岡駅近
くにあった工場の引き込み
線に入る4号機。
◎石岡　昭和38（1963）年
9月　撮影：竹中泰彦

【石岡機関区】給水中の６号機。
◎昭和32（1957）年５月
撮影：竹中泰彦

【鉾田線３（３号機）】出発準備の終えた３号機と６号機。
◎石岡　昭和32（1957）５月　撮影：竹中泰彦

【鉾田線３（４号機）】クラウスがキハ201を牽引したのは初めて
かもしれなかった。
◎常陸小川　昭和38（1963）年７月　撮影：髙井薫平

【鉾田線 6（6号機）】明治31（1898）年製のイギリス、ナスミスウイルソン製1B1タンク機関車。元国鉄形式870形877号機、関西鉄道がイギリスから買った機関車である。鉾田線では3，4号機とともにDLの運用が安定するまで使用し、昭和41（1966）年解体された。◎石岡　昭和33（1958）年1月　撮影：高井薫平

6号機と3号機の重連が鉾田に向かって出発する。
◎石岡　昭和32（1957）年5月　撮影：竹中泰彦

【DLが石岡の主になった】前ページとほぼ同じアングルである。機関車はディーゼルに変わったが、給水塔は残っている。
◎石岡　昭和42（1967）年5月　撮影：髙井薫平

【DC35（351）】鉾田線に最初に入ったディーゼル機関車は新三菱重工業製のＣ型35トン機であった。新三菱重工業は同型機を、あちこちに納入しているが製造年と入線年で1年の開きがあり、新三菱重工の試作機関車を購入したものらしい。その後筑波線に転じた。
◎石岡　昭和42（1967）年5月　撮影：髙井薫平

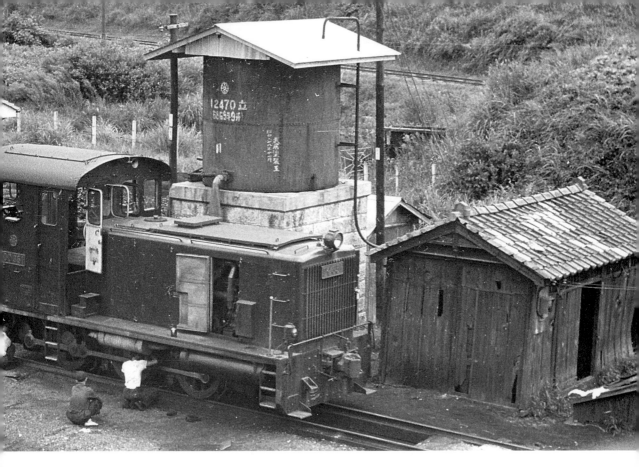

【DD45（451）】珍しい軸配置Dのこれまた新三菱重工業の試作機関車で入線年と製造年では５年ほどの開きがあるのは、片上鉄道に在籍したことがあるからで昭和39（1964）年入線した。同型は日軽金蒲原工場にも在籍した。４軸がロッドで連結されている。燃料輸送に活躍が期待されたが、常総線から転属したDD901の陰で予備的存在であった。
◎石岡　昭和42（1967）年５月　撮影：髙井薫平

【DD902（902）】国鉄DD13をスケッチしたような機関車だが台車が国鉄と異なっていた。鹿島鉄道廃止まで使用された。
◎石岡　昭和49（1974）年５月　撮影：髙井薫平

【DD901（901）】常総筑波鉄道最初の強力機であった。BBロッド式の機関車であるが、もともとは日本車輌の試作機でちょうど各車両メーカーがディーゼル機関車を競作して、国鉄に売り込んでいた時代の車である。常総筑波鉄道入りする前、国鉄では「DD421」のナンバープレートを付けて短期間使用された。その後、昭和49（1974）年鉾田線に転出した。
◎水海道　昭和49（1974）年5月　撮影：髙井薫平

【DD902（902）】航空燃料輸送に活躍した国鉄DD13の私鉄版で台車は軸ばね式の独特のものである。燃料輸送の最後まで活躍した。燃料輸送のピーク時には同型のDD13を2両、国鉄から譲り受けている。
◎石岡　昭和49（1974）年5月　撮影：髙井薫平

【DD902の牽く一般貨物列車】◎常陸小川付近　昭和49（1974）年5月　撮影：髙井薫平

【DD902（902）】石岡で待機中。
◎石岡　昭和49（1974）年 5
月　撮影：高井薫平

【DD902（902）】常陸小川で上り
列車を待つ。ホームへ乗客が渡
るため、編成中ほどにある踏切
の部分は、いったん貨車の3, 4
両目の連結を解いて通路を作っ
ている。
◎常陸小川　昭和49（1974）
年5月　撮影：高井薫平

国府近くの上空から北西方向を撮影している。右端に石岡駅が見え、駅の東側はまだほとんどが農地。常磐線の線路は北（左上）方向が水戸方面、南（右下）が上り上野方面。鹿島参宮鉄道鉾田線は駅の東側にホームがあり、北側には機関区があった。鉾田線は上野方向に発車していた。石岡は奈良時代に国府が置かれた所で現在もこの町名がある。中央南北に走る広い道路が旧水戸街道で、細長く府中宿があった。ここは香取〜笠間の国道355号の一部になっている。旧水戸街道は先で右折、右手上に伸びている道がそれだとわかる。
◎昭和29（1954）年2月12日
撮影：朝日新聞社

クラウスの特別運転会

【クラウスによる特別運転会】昭和38（1963）年9月、この機関車を使った
フォトランを行う幸運に恵まれ、秋の1日を堪能した。
◎常陸小川付近　昭和38（1963）年9月　撮影：竹中泰彦

石岡を出た時の編成。◎常陸小川　昭和38（1963）年９月　撮影：竹中泰彦

煙室の具合は？
◎常陸小川　昭和38（1963）年
９月　撮影：竹中泰彦

途中駅で機関士に話しかける。
◎常陸小川　昭和38（1963）年９月
撮影：竹中泰彦

常陸小川で貨車2両を増結して混合列車になった。◎常陸小川付近　昭和38（1963）年9月　撮影：髙井薫平

皆で機関車をみがき上げた。◎石岡　昭和38（1963）年9月　撮影：竹中泰彦

2-2 竜ヶ崎線

【竜ヶ崎駅構内】昭和30（1955）年頃の竜ヶ崎駅構内。役者が勢ぞろい。左から混合列車に使用する木造単車、キハ40402、5号機関車、片ボギー元ガソリンカーのハフ15、キハ101と並ぶ。中央のポプラはその後ずいぶん高く伸びたが今はない。
◎竜ヶ崎　昭和29（1954）年6月　撮影：竹中泰彦

【竜ヶ崎付近】佐貫側から竜ヶ崎駅を撮影。かつての趣のある駅舎が左下にあり、線路の終端の手前左側に貨物ホームがあった。龍ヶ崎の町は駅前からの道路に沿って長く続いていた。道路などに人がかなり写っているが、駅前にはバスらしき大型車が見えるほかは、乗用車がほとんど写っていない。◎昭和29（1954）年2月12日　撮影：朝日新聞社

竜ヶ崎付近（昭和29年）

【竜ヶ崎に近づくキハ100の２両編成】キハ100は日本車輌が製造した鈍重なスタイルの２軸車である。客車としても使用されるガソリンカーのイメージからはほど遠い。「戦車」のようだといわれ、頑丈そうな車両だった。
◎竜ヶ崎付近　昭和33（1958）年10月　撮影：竹中泰彦

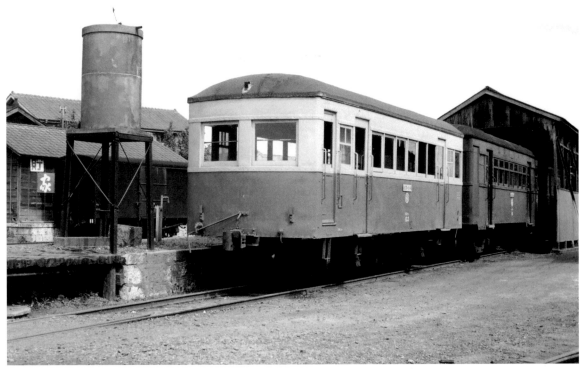

【ハフ100（102）】キハ100形３両のうち102はエンジンをおろしてトレーラーになっていた。
◎竜ヶ崎　昭和38（1963）年４月　撮影：田尻弘行

【キハ100（103）】普段はめったに走らないキハ100の２両編成。動力車の重連だが、機関士は前の車両にしか乗務せず、後ろの車はトレーラ扱いである。竜ヶ崎線の線形は平坦で、気動車もよく客車を牽いていた。
◎竜ヶ崎付近　昭和33（1958）年10月
撮影：竹中泰彦

【キハ40400（40402）】元国鉄牟岐線の前身であった阿南鉄道から引きついだ買収気動車で、元国鉄キハ40307を名乗ったが、荒廃ひどく復旧には日時を要した。この時の工事で正面3枚窓は不規則な前面4枚窓に改造された。動力車としての復活はガソリンカーであったが、昭和31（1956）年、「みづほ」の愛称版をつけてディーゼルカーになった。筆者が最初に訪問した昭和25（1950）年代は竜ヶ崎線のスター的存在で、主力として蒸気機関車の牽く混合列車と併用されていた。
◎竜ヶ崎　昭和29（1954）年6月　撮影：髙井薫平

【キハ41300（41302）】竜ヶ崎線在籍車両の老朽化に伴い、国鉄キハ04の3両が順次入線し、江若から大型車が入るまで竜ヶ崎線の主役になった。◎竜ヶ崎　昭和38（1963）年5月　撮影：田尻弘行

【竜ヶ崎付近を走る】竜ヶ崎駅の場内信号機は竜ヶ崎線の撮影ポイントだった。
◎竜ヶ崎付近　昭和33 (1958) 年10月　撮影：竹中泰彦

【関東鉄道標準塗装になっ
たキハ40402】関東鉄道に
なってオレンジとクリーム
色の標準色になった。すで
にキハ41000の入線が始
まっている。
◎竜ヶ崎　昭和45 (1970)
年４月　撮影：髙井薫平

ことば解説 鉄道作業局

　明治30年から10年間、官営鉄道の現業部門を所管した組織名。それまで政府の鉄道の所管は、明治４年工部省に鉄道寮を設置以来、工部省鉄道局、内務省鉄道庁、逓信省鉄道庁、逓信省鉄道局と変わったが、明治30 (1897) 年８月１日、国営鉄道の建設や運輸業務を担当する現業部門を分け逓信省の外局として鉄道作業局が設けられた。逓信省鉄道局は私鉄な

どの監督、免許等の事務を行うという、業務分担がなされた。明治39年鉄道国有法が公布され、翌年帝国鉄道庁が設置され、鉄道作業局は廃止された。さらに明治41年には鉄道院、大正９年には鉄道省、昭和18年には運輸通信省、昭和20年には運輸省、昭和24年に日本国有鉄道、昭和62年に分割民営化され現在に至っている。

【キハ520（522）】湖西線に譲って廃止された江若鉄道からやってきた元国鉄キハ42000である。江若時代に片側の運転台を撤去、キハ5121,5122を名乗った。中間にキサハを挟んだ3両編成で使用され、竜ヶ崎線にも3両編成で入線、ラッシュに威力を発揮したが、ワンマン化工事と同時に2両編成になった。◎竜ヶ崎　昭和49（1974）年4月　撮影：亀井秀夫

【キハ41300の2両編成】昭和34（1959）
年になると国鉄からキハ04が入り車両
が入れ替わった。その後、江若鉄道から
の転入車両と交代した。
◎入地～竜ヶ崎　昭和38（1963）年5月
撮影：田尻弘行

【キハ530（531）】江若鉄道キハ5123を譲り受けたもの、江若鉄道オリジナルの気動車がルーツだが、江若時代総括制御化の折、
貫通式に改造されている。キハ521,2と一緒に竜ヶ崎にやってきたが、ラッシュが終わるとこの車両の出番だった。
◎竜ヶ崎～入地　昭和49（1974）年4月　撮影：亀井秀夫

【佐貫付近】南側から佐貫駅を撮影している。左手上は牛久沼。線路は常磐線、左手下方向が東京、国鉄の駅の右側に竜ヶ崎線の
駅があり、竜ヶ崎方向への単線の線路が下中央に見える。撮影時点では貨物輸送もなくなり竜ヶ崎線から国鉄線への線路はすで
に撤去されている。令和2 (2020) 年にJR佐貫駅は龍ケ崎市駅に改名された。
◎昭和57 (1982) 年2月15日　撮影：朝日新聞社

佐貫付近（昭和57年）

【佐貫駅（現・龍ケ崎市駅）で入
れ換え作業中の4号機関車】
◎佐貫　昭和37（1962）年6月
撮影：田尻弘行

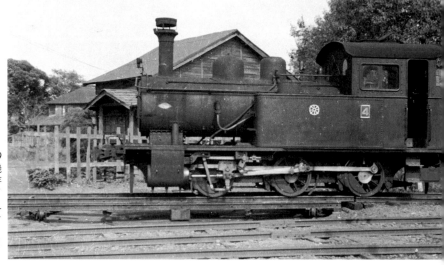

【竜ヶ崎線 4（4号機）】大正14（19
25）年川崎造船所製のCタンク機
関車、川造製の小型機は珍しい存
在、ちょっと日本離れしたスタイ
ルであった。5号機の陰で控え
のような存在だった。現在、竜ヶ
崎市に保管されている。
◎竜ヶ崎　昭和29（1954）年6月
撮影：髙井薫平

【佐貫駅で出発を待つ4号の牽
く貨物列車】
◎佐貫　昭和29（1954）年6月
撮影：髙井薫平

【出発を待つ5号機の佐貫行混合列車】主力として働いていた日本車輌製のCタンク機、小さな従輪がこの機関車の特徴であった。昭和30（1955）年頃の竜ヶ崎線は結構貨車の出入りが多く、混合列車や貨物列車が運転されていて、DB11の性能が安定するまで結構長く使用されていた。◎竜ヶ崎　昭和37（1962）年6月　撮影：髙井薫平

【給水中の5号機】C1という軸配置はこの種の機関車では珍しい。◎竜ヶ崎　昭和41（1966）年6月　撮影：田尻弘行

【非電化の常磐線を走る5号機関車】佐貫駅での貨車の授受は竜ヶ崎線の機関車が担当し、常磐線の列車の間隙をついて国鉄線線路上を走り回っていた。◎国鉄佐貫　昭和29（1954）年6月　撮影：竹中泰彦

【電化後の常磐線に現われた5号機関車】中線で小休止。◎国鉄佐貫　昭和44（1969）年5月31日　撮影：矢崎康雄

【5号機関車が緩急車1両を牽いていく】このときは久々に蒸気機関車が走った。
◎佐貫〜入地　昭和44（1969）年5月31日　撮影：矢崎康雄

【DB11（11）】老朽化した4号機の代わりに竜ヶ崎線に移動したDB11は貨物輸送廃止まで使用され、その後、荒川沖の霞ヶ浦通運に移った。◎昭和41（1966）年6月　撮影：田尻弘行

関東鉄道のあとがき

　昭和30〜50年代の私鉄をめぐるシリーズの第1巻は関東鉄道を取り上げました。関東鉄道の前身である鹿島参宮鉄道と常総筑波鉄道は、僕たちが東京から出かけていくのに手ごろな距離にあり、しかも電化されていなかったので、架線のない鉄道に妙な郷愁を感じて、時間があると出かけていく鉄道でありました。

　当時は4路線あった路線が現在では2線に減ってしまいましたが、本書ではなくなった2線を含めてご紹介いたしました。写真中心の本ということでスタートし、できるだけすべての車両を網羅できるように努めましたが、不足する写真は竹中泰彦さんをはじめ鉄研三田会の諸侯から写真を借用いたしました。また細かい車両解説に代えて巻末に亀井秀夫さんによる車両諸元表を付けることにいたしました。なお、現存する関東鉄道の二つの路線は首都圏の輸送を担う通勤路線に近代化され、両線ともほとんどの車両が新しくなっておりますので、現在活躍する車両についても簡単にご紹介し、併せて当初あきらめていたカラー写真のページも設けて懐かしんでいただけるようにいたしました。

　一部ページを割いて駅舎の写真、古い家並みが残る航空写真の解説を矢崎康雄さんにお願いしました。さらに当時の乗車券を加えました。駅舎の写真は三田会会員の御父君である荻原二郎さん、乗車券などについては三田会会員の堀川正弘さんのコレクションを拝借しました。

　次号以降はできるだけ広範囲に取り上げたいと思いますが、上田丸子電鉄と長野電鉄、東武鉄道の非電化支線や本線で活躍した蒸気機関車たち、それに今はなき軌道線など、さらに交通公社の時刻表に掲載されていた北海道の私鉄、北陸鉄道の各線、瀬戸内のローカル鉄道など候補に準備を進めております。ご期待ください。

2020年10月31日　髙井薫平

参考文献

飯島 巌・森本富夫　私鉄の車両8関東鉄道・筑波鉄道・鹿島鉄道　保育社　1985年
　　　　　　　　世界の鉄道 '75　朝日新聞社　1974年
臼井茂信・小石川多助・中川浩一　『常総筑波鉄道』『私鉄車両めぐり特輯』3　鉄道ピクトリアル　鉄道図書刊行会　1982年
臼井茂信・小石川多助・中川浩一　関東鉄道(補遺)　鉄道ピクトリアル　No.254　鉄道図書刊行会　1971年
白土貞夫　鹿島鉄道 RM Library　No.106　ネコパブリッシング　2008年
白土貞夫　関東鉄道竜ヶ崎線 RM Library　No.168,169　ネコパブリッシング　2013年
湯口 徹　私鉄紀行 からっ風にタイホーンが聞こえる 上・下　レイル　No.19,20　プレスアイゼンバーン　1986年
久保 敏　懐かしの鹿島参宮鉄道　レイル　No.61　プレスアイゼンバーン　2007年
沖田裕作　機関車表
湯口 徹　内燃動車発達史 上・下　ネコパブリッシング　2004年
湯口 徹　戦後生まれの私鉄機械式気動車 上・下 RM Library　ネコパブリッシング　2006年
湯口 徹　江若鉄道の気動車　関西の鉄道　No.28　関西鉄道研究会　1993年
湯口 徹　私鉄紀行 丹波の煙 伊勢の径 上　レイル　No.39　プレスアイゼンバーン　2000年
湯口 徹　日本の内燃動車　交通ブックス 121　交通研究協会　2013年
竹内龍三　江若鉄道 湖西線問題を前にした車両の10年史　鉄道ピクトリアルアーカイブコレクション　No.19,20　電気車研究会　2010年
　　　　　世界の鉄道 '68　朝日新聞社　1967年
　　　　　地方鉄道の瓦斯倫気動車　鉄道資料　No.6,7,8　鉄道資料保存会　1977年
　　　　　日本の内燃車両編纂委員会　日本の内燃車両　鉄道図書刊行会　1969年
　　　　　江若鉄道車輛五十年　鉄道資料保存会　1978年
　　　　　守谷町史　守谷町史編さん委員会　1985年
曽根悟 監修　関東鉄道・真岡鐵道・首都圏新都市鉄道・流鉄　週刊 歴史でめぐる鉄道全路線　No.21　朝日新聞出版〈週刊朝日百科〉　2011年
湯口 徹　日本の蒸気動車 RM Library　No.103,104　ネコパブリッシング　2008年
湯口 徹　国産蒸気動車考 上・下　鉄道資料　No.80,81　鉄道資料保存会　1995年
　　　　　関東鉄道 車両竣功図　関東鉄道
寺田裕一　関東鉄道常総線 開業90周年『気動車王国』を築いた車両たち　鉄道ファン　No.517,518　交友社　2004年
寺田裕一　ローカル私鉄車輛20年 東日本編　JTBキャンブックス　JTB　2001年
寺田裕一　私鉄機関車30年　JTBキャンブックス　JTB　2005年
寺田裕一　私鉄気動車30年　JTBキャンブックス　JTB　2006年

関東鉄道の車両諸元表

(作成：亀井秀夫)

※原則として昭和30（1955）年以降在籍し、また昭和49（1974）年以前に入籍した車両を掲載した。
※最終諸元の記載を原則とするが、資料が得られない車両については、登録時の諸元又は竣工図記載の数値を引用した。

形式	番号	使用線区	車体寸法			自重	定員(座席)	製造所	台車	軸距	内燃機関			変速機
			最大長	最大幅	最大高						製造所	形式	連続出力	
ハ3	5	竜ヶ崎	8,131	2,667	3,200	6.00	34		単車	3,810				
ハフ1	1	筑波	8,128	2,730	3,635	7.93	60(24)		単車	3,658				
ハフ1	2	筑波	8,128	2,730	3,635	7.93	60(24)		単車	3,658				
ハフ2	2,3	竜ヶ崎	9,528	2,641	3,353	7.17	48		単車	3,810				
ハフ5	5,6	鉾田	8,548	2,683	3,600	8.00	40		単車	3,810				
ハフ10	11,12	鉾田→竜ヶ崎	8,547	2,683	3,600	8.00	40		単車	3,810				
ハフ10	10,13	鉾田	8,547	2,683	3,600	7.93	60(24)		単車	3,810				
ハフ15	15	常総→竜ヶ崎	11,112	2,615	3,805	10.00	70(30)	松井車輌	棒鋼組立*	1,800				
ハ20	21	鉾田	10,010	2,450	3,530	7.34	48	ブリル	21E	3,962				
ハ20	22	鉾田	8,380	2,600	3,330	5.90	32		単車	3,810				
ハ20	23	鉾田	8,380	2,600	3,200	5.82	27		単車	3,810				
ハ82	82,83	常総	9,232	2,622	3,616	8.50	56(8)		単車	3,658				
ハフ20	20	鉾田→竜ヶ崎	8,050	2,460	3,270	6.70	42		単車	3,810				
ハブ72	73	常総	8,188	2,550	3,277	8.3	40(22)		単車	3,658				
ハフ74	74	筑波	9,767	2,553	3,677	8.35	38		単車	3,962				
ハ75	75	筑波	9,767	2,553	3,677	8.35	38		単車	3,962				
ハフ100	102	鉾田→竜ヶ崎	9,950	2,730	3,690	10.00	60(34)		単車	3,960				
ナハフ101	103	筑波→常総	16,520	2,743	3,675	24.90	100(50)		TR14系	2,450				
ナハフ101	104	筑波→常総	16,520	2,743	3,675	24.90	100(50)		TR14系	2,450				
ナハフ101	105	筑波→常総	16,520	2,743	3,675	24.90	100(50)		TR14系	2,450				
ホハフ201	201	筑波	13,550	2,725	3,610	17.00	80(44)		菱枠型	1,500/750+1,150*				
ホハ401	401	常総	16,830	2,705	3,797	23.88	80(52)		TR11系	2,438				
ホハブ501	502	常総→筑波→常総	16,935	2,705	3,797	23.88	84(52)		TR11系	2,438				
コハブ601	601	常総	11,200	2,500	3,350	12.00	56	汽車支店	板鋼組立	1,524				
コハブ601	602	常総	11,200	2,500	3,350	12.00	56	汽車支店	板鋼組立	1,524				
ホハブ701	701	常総	15,620	2,610	3,743	23.50	74(14)		TR11	2,450				
ホハブ701	702	常総	15,620	2,610	3,743	23.50	100(40)		TR10系	2,134				
ホハブ701	703	常総	15,950	2,616	3,670	20.04	100(44)		TR11	2,450				
オハフ801	801	常総→鉾田	16,700	2,900	3,840	25.00	110(--)		TR11	2,450				
オハフ801	802	常総→筑波→常総	17,000	2,840	3,675	25.00			TR11	2,450				
オハフ801	803	常総→鉾田	17,000	2,840	3,725	25.00	110(68)		TR11	2,450				
キハ11	11	竜ヶ崎	9,906	2,642	3,303	7.50	44(22)		単車	3,660	ブダ	KTU	30/1,000	機械式
キハ15	15	常総→竜ヶ崎	9,156	2,640	3,333	7.10	40(20)		単車	3,658	ブダ	DW-6	37.5/1,000	機械式
キハ81	81	常総	15,400	2,720	3,575	18.54	100(52)		菱枠型	1,700/850+1,250*	日野	DA-54	75/1,000	機械式
キハ82	82	常総	15,400	2,720	3,580	18.24	100(52)		菱枠型	1,700/850+1,250*		DB-31	130/1,800	機械式
キハ83	83	常総→鉾田	15,600	2,640	3,780	20.05	100(46)	汽車支店	LL	1,500/750+1,150*		DB-31	130/1,800	機械式
キハ100	101	鉾田	9,950	2,730	3,692	10.10	60(26)		単車	3,960	ウォケッシャー	6-SRL	78/1,500	機械式
キハ100	103	鉾田→竜ヶ崎	9,950	2,720	3,692	10.10	60(26)		単車	3,960	ウォケッシャー	6-SRL	78/1,500	機械式
キハ200	201	鉾田	12,020	2,720	3,620	15.22	80(42)		菱枠型	1,500/750+1,150*	三菱ふそう	DB-7L	105/1,500	機械式
キハ300	301,302,303	筑波	12,450	2,720	3,760	15.50	80(42)		菱枠型	1,500	日野	DS-11	75/1,400	機械式
キハ305	305	常総→筑波→竜ヶ崎	12,120	2,720	3,670	15.15	80(42)		菱枠型	1,500/750+1,150*	日野	DS-11B	75/1,400	機械式
キハ310	311	筑波	12,591	2,650	3,800	18.40 / 18.35	80(36)		TR26	1,800	日野	DS-11	75/1,400	機械式
キハ310	311,312	常総	20,100	2,880	3,865	30.00	140(61)		DT22・TR51	2,100		DMH-17B	180/1,500	TC-2
キハ400	401,402	筑波	15,850	2,630	3,695	20.95	108(52)		菱枠型	1,700	日野	DS-60	155/2,400	機械式
キハ410	411	常総→筑波→鉾田	16,220	2,730	3,760	23.00	110(58)		TR26	1,800		DMF-13C	120/1,500	TC-2
キハ410	412	常総→筑波→鉾田	16,220	2,730	3,760	23.00	110(58)		TR26	1,800		DMF-13C	120/1,500	TC-2
キハ430	431,432	鉾田	16,500	2,725	3,772	23.00	120(50)	東急車輌	TS102A(TR26)	1,800		DMF-13C	120/1,500	TC-2
キハ460	461	筑波	16,220	2,709	3,675	22.40	89(62)		TR26	1,800		DMF-13C	140/1,500	TC-2
キハ460	462	筑波	16,220	2,709	3,675	22.40	89(62)		TR26	1,800		DMF-13B	120/1,500	TC-2
キハ500	501,502	筑波→常総	18,100	2,860	3,845	27.60	120(54)	日車支店	NA6・NA6T	2,100		DMH-17H	180/1,500	TC-2

車両履歴									備考
製造所	製造年月	改造所	改造年月	改造内容	入籍年月	前所有	旧番号	廃車年月	
?野工場	M32.05	自社工場	S15.01	貫通式・ロングシート化	T10.08	東武鉄道	ハフ33	S34.12	高野登山鉄道 いろ4⇒東上鉄道 ろは2(T02.--)⇒ロハ2(T06.--)→ハ10(T07.--)⇒東武鉄道 ハフ33⇒竜ヶ崎鉄道ハ5⇒
?車支店	T14.04				T14.--			S30.05	
?車支店	T14.04		S18.04	車体改造	T14.--			S40.03	旧番号 ユニ122→ハフ2・緩急車代用
?野工場	T03.11		S32.04	手用制動機取付	S08.06	富南鉄道	ハ1,2	S36.09*	⇒ハ2,3→ハフ2,3(S32.04)→ *ハフ2 S38.09
?車支店	T13.05				T13.06			S34.02	旧番号 ハ5,6→ロハ5,6→ハ5,6(S04.05)→ハ75,6(S20.02)→
?車支店	T13.05				T13.06			S36.09	旧番号 ハ11,12→ハフ11,12(S17.01)→
?車支店	T13.05				T13.06			S34.02	
?井車輛	S06.07				S06.07			S38.10	旧番号 キハニ12→ハフ12(S17.08)→ハ715(S35.01)→ *片ボギー 軸距 5,480
?武鉄道 ?阪町工場	M39.04				S18.07	鉄道省	ハ26	S30.12	甲武鉄道 ハ17⇒鉄道院 デ973(M43.03)⇒佐久鉄道 ハ5(T04.05)→ハ2(T09.04)⇒新宮鉄道 ハ16(S02.03)→ハ26(S04.--)⇒買収(S09.07) ハ26⇒寿都鉄道(S17.07)名義上?⇒ハ21(S18.07)→
?島栄次郎	S04.08	三和車両	S22.06	焼損事故により車体新製	S18.10	五戸鉄道	ハ12	S30.12	
?島栄次郎	S04.08				S18.10	五戸鉄道	ハ11	S30.12	
?宮製作所	S04.05,06				S19.10	成田鉄道	ガ102,03	S31.03*	*ハ83 S34.11 救援車後廃車→車体倉庫流用
?京車輛	M34.--				S17.09	鉄道省	ハ20	S30.12	上武鉄道(秩父鉄道) ハ2⇒新宮鉄道 ハ10(T12.02)→ハ20(S08.--)⇒買収(S09.07) ハ20⇒寿都鉄道(S17.07) 名義上?⇒ハフ20(S17.09)→
?道作業局 ?神戸工場	M22.02	自社工場	S17.03	貨車を客車に改造	T02.10	鉄道院	ニ4037	S34.07	旧番号 ニ202→ユニ306(T15.02)→ワブ306(S13.07)→
?車支店	T15.04				S24.05	相模鉄道	ハフ50	S32.--*	神中鉄道 フハ50→相模鉄道 ハフ50(S18.04)⇒ハフ74→*日立製作所水戸工場譲渡 ハフ74→6 廃車(S34.--)→
?車支店	T15.04				S24.05	相模鉄道	ハフ101	S32.--*	神中鉄道 口10→ロハ口10(S03.--)→ハフ101(S06.--)⇒相模鉄道 ハフ101(S18.04)→ハ75⇒*日立製作所水戸工場譲渡 ハ75→7→廃車(S34.--)→
?車支店	S05.11	自社工場	S36.--	客車化	S05.12			S40.03	旧番号 ハフ102→ハフ102(S30.--)→
?車本店	T15.03	三真工業	S16.11	更新修繕	T15.03			S39.--	旧番号 ホハフ103→ナハフ103(S04.11)→
?車本店	S02.06	三真工業		更新修繕	S02.06			S39.--	
?車本店	S02.06	三真工業	S16.11	更新修繕	S02.06			S39.03	旧番号 ナハフ105→ナハニ105(S13.02)→ナハフ105→
?車支店	S10.10				S29.12	弘南鉄道	ホハ2	S46.--	北海道鉄道 キハ502⇒買収(S18.08) キハ40352→廃車(S18.10)⇒弘南鉄道 ホハ2(S23.05)→ホハフ201→ *偏心台車
?車支店	T14.05	自社工場	S17.07	座席改造	T14.05			S39.03	旧番号 ホロハ401→ホハ401(S06.02)→
?車支店	T14.05				T14.05			S39.03	
?車支店	T03.--				S16.03	鉄道省	コハ2	S34.--	長州鉄道 ホロハ3⇒買収 コロハ5737(T14.06)→廃車(T15.01)⇒芸備鉄道 コハ2(S02.02)⇒買収(S12.07) コハ2⇒コハフ601→
?車支店	T03.--				S16.03	鉄道省	コハ3	S34.--	長州鉄道 ホハフ1⇒芸備鉄道 コハ3(S03.10)⇒買収(S12.07) コハ3⇒コハフ602→
?車支店	T04.10	日国工業	S20.--	蒸気動車→客車	S20.07	運輸省	キハ6416	S35.03	播州鉄道 ハキ5(T05.02)→ロハキ113(T12.12)⇒播丹鉄道 ジハ113(S04.10)⇒買収(S18.06) キハ6416→ホハブ701→
?車支店	T02.09	日国工業	S20.--	蒸気動車→客車	S20.07	運輸省	キハ6411	S39.03	鉄道院 ホジ6061→ジハ6011(T03.08)→キハ6411(S03.10)⇒廃車(S18.10)→ホハブ702→
?車支店	M45.03	日国工業	S22.--	蒸気動車→客車	S22.06	運輸省	キハ2	S39.03	鉄道院 ホジ6008(T03.08)⇒中国鉄道 ハ2(T15.--)⇒買収(S19.06) ハ2→借入(S20.05)→ホハブ703→
?東車輛	S23.12				S24.05	運輸省	モハ50---	S45.08	戦災国電モハ50形張上鋼板屋根車→オハ801→
?国工業	S24.05				S24.07	国鉄	サハ36046？	S38.09	戦災国電 サハ36形→オハ802→筑波線 ハフ106(S27.12)→常総線 オハ802(S34.05)→オハフ802⇒秩父鉄道(秩父セメント倉庫)(S38.09)
?社工場	S25.04		S31.08	貫通制動取付	S25.04	国鉄	クハ65189？	S45.08	戦災国電クハ65形木製屋根車→オハ803→
?井車輛	S04.05		S16.11	代燃装置取付	S04.06			S31.11	廃車後 大日本炭礦勿来鉱業所移籍
?鉢鉄工場	S03.08				S03.09			S29.04	廃車後 キハ12→キハ15(S12.04)→
?車支店	S12.04		S26.10 S46.--	気動車化 エンジン撤去客車代用	S12.04			S47.05	旧番号 キハ101→キハ81(S16.06)→キホハ81(S24.03)→キハ81(S26.10)→ *偏心台車
?車支店	S12.04	日車支店	S33.07	車体更新(事故復旧 麦面窓一枚化)	S12.04			S49.03	旧番号 キホハ102→キホハ302(S16.06)→キハ82(S24.03)→キハ82(S26.10)→ *偏心台車
?車支店	S10.04	宇都宮車輛	S27.11	前面改造	S26.12	国鉄	キハ40330	S47.05	北九州鉄道 ジハ50⇒買収(S12.10) キハ4065→キハ40330(S15.03)⇒廃車(S18.10)⇒キハ83(S26.12)→ *偏心台車
?車支店	S05.11				S05.12			S34.02	(S24.12) 機関休車
?車支店	S05.11	自社工場		客車化	S05.12			S40.03	
?車支店	S11.06		S31.01	ディーゼル化	S11.08			S45.08	*偏心台車
?車支店	S12.05		S26.11	ディーゼル化	S12.05			S45.08*	*キハ302 S37.11 南部縦貫鉄道譲受(S38.08認可)
?車支店	S10.07				S10.07			S45.08	旧番号 キホハ61→キハ61→キハ305(S31.03)→ *偏心台車
?車本店	S09.03				S27.11	国鉄	キハ40009*	S45.08	廃車(S24.09)→キハ311
?崎車輛	S28.--	大栄車輛* 関急建工	S51.12 S59.06	車体新製 台車交換 DT19・TR49→	S52.01	国鉄	キハ1723,1724	H08.03	*名義上更新改造
?崎車輛	S11.10	富士車輛 自社工場	S27.10 S39.01	荷物台撤去車体延長 エンジン換装	S26.12	国鉄	キハ40355,56	S47.05*	⇒買収(S18.06) キハ40355,356→廃車(S24.09)→キハ401,402→*キハ401 S49.03
?潟鉄工*1	S09.03	自社工場 西武所沢	S38.06 S47.05	液体式変速機付・エンジン換装 総括制御化・片運転台改造	S34.06	国鉄	キハ0410*2	S61.03	*キハ41077→キハ41029(S23.12)→キハ41309(S27.10)→キハ0410(S32.04)⇒廃車(S32.12) 旧番号 キハ41005(S34.06)→キハ411(S47.06) *1キハ411 現車銘板 S09川崎車輛
?車本店	S08.12	自社工場 西武所沢	S38.06 S47.05	液体式変速機付・エンジン換装 総括制御化・片運転台改造	S34.06	国鉄	キハ0424*	S61.03	*キハ41050→キハ41504(S25.04)→キハ41323(S29.09)→キハ0424(S32.04)⇒旧番号 キハ41006(S34.06)→キハ412(S47.06)
?急車輛	S33.12				S48.03	加越能鉄道	キハ125,126	H19.03	
?崎車輛	S09.01	西武所沢 自社工場	S48.04 S52.04	総括制御化・エンジン換装 エンジン換装 DMH-17B→	S47.11	北陸鉄道	キハ5211	S60.07	国鉄 キハ41056→キハ41207(S23.12)→キハ41307(S27.11)→キハ402(S32.04)⇒廃車(S33.01)→遠州鉄道 キハ802(S33.08)⇒北陸鉄道 キハ5211(S42.06)→廃車(S47.06)⇒キハ461→
?潟鉄工	S08.03	西武所沢	S48.04	総括制御化・エンジン換装	S47.11	北陸鉄道	キハ5212	S56.11	国鉄 キハ36934→キハ41205(S23.12)→キハ41305(S27.11)→キハ401(S32.04)⇒廃車(S33.01)→遠州鉄道 キハ801(S33.08)⇒北陸鉄道 キハ5212(S42.06)→廃車(S47.06)⇒キハ462→
?車支店	S34.10	自社工場	S43.01	機関換装 DS-40B→・ロングシート化	S34.09			H03.09	旧番号 キハ504,505→キハ501,502(S34.09)

形式	番号	使用線区	車体寸法			自重	定員(座席)	製造所	台車	軸距	内燃機関			変速機
			最大長	最大幅	最大高						製造所	形式	連続出力	
キハ500	503	筑波→常総	18,100	2,860	3,845	27.60	120(57)	日車支店	NA6・NA6T	2,100		DMH-17H	180/1,500	TC-2A
キハ500	504,505	筑波→常総	18,100	2,860	3,795	27.60	120(54)	日車支店	NA302・NA302T	2,100		DMH-17H	180/1,500	TC-2A
キハ510	511	常総→筑波	18,300	2,732	3,840	29.00	120(60)		TR29系	2,000		DMH-17BX	180/1,500	TC-2
キハ520	521	竜ヶ崎	19,553	2,720	3,850	28.00	120(56)		TR29系	2,000		DMH-17B1	150/1,500	TC-2
キハ520	522	竜ヶ崎	19,553	2,720	3,850	28.80	120(56)		TR29系	2,000		DMH-17B	180/1,500	TC-2
キハ530	531	竜ヶ崎	19,490	2,720	3,850	27.00	120(56)		TR29系	2,000		DMH-17C	180/1,500	TC-2
キハ540	541	筑波	17,320	2,710	3,605	25.00	110(42)		TR29	2,000		DMF-13	140/1,500	TC-2
キハ550	551	常総→筑波	19,200	2,720	3,570	29.00	130(56)		TR29	2,000		DMH-17B	150/1,500	TC-2
キハ600	601	鉾田	19,716	2,728	3,550	28.40	120(58)		TR29	2,000		DMH-17	170/1,500	DF-11
キハ600	602	鉾田	19,694	2,728	3,550	27.00	120(58)		TR29	2,000		DMH-17	170/1,500	DF-11
キハ610	611	常総	19,600	2,728	3,590	27.80	130(56)		TR29	2,000		DMH-17	160/1,500	TC-2
キハ610	612	鉾田→常総	19,600	2,728	3,590	27.50	130(56)		TR29	2,000		DMH-17B1	180/1,500	TC-2
キハ610	613	常総	19,600	2,740	3,590	26.80	130(60)		TR29	2,000		DMH-17C	180/1,500	TC-2
キハ610	614	常総	19,600	2,725	3,550	26.90	130(60)		TR29	2,000		DMH-17B	180/1,500	TC-2
キハ610	615	鉾田→常総	19,600	2,725	3,550	26.90	130(60)		TR29	2,000		DMH-17	160/1,500	TC-2
キハ650	651	鉾田	17,916	2,700	3,680	24.50	120(56)		TR29	2,000		DB-31	120/1,200	機械式
キハ700	701,702	常総	20,100	2,730	3,740	30.00	120(56)	日車支店	NA4,NA4D	2,000		DMH-17C / DMH-17B1	180/1,500	TC-2
キハ703	703	常総	19,600	2,664	3,740	30.00	130(60)	日車支店	NA4,NA4D	2,000		DMH-17B1	180/1,500	TC-2
キハ704	704	常総	19,600	2,670	3,740	29.00	130(60)		TR29	2,000		DMH-17C	180/1,500	TC-2
キハ710	711,712,713	鉾田	20,100	2,730	3,740	30.00	144(72)	新潟鉄工	NH38(TR29)	2,000		DMH-17BX	180/1,500	DF-11
キハ714	714	鉾田	20,100	2,730	3,695	28.00	120(66)	新潟鉄工	NH38(TR29)	2,000		DMH-17	160/1,500	DF-11
キハ715	715	鉾田	20,100	2,730	3,695	29.00	116(68)	新潟鉄工	NH38(TR29)	2,000		DMH-17	160/1,500	DF-11
キハ720	721	常総	20,000	2,729	3,880	28.50	140(64)	富士重工	DT22C・TR51B	2,100		DMH-17C	180/1,500	TC-2A
キハ751	751	常総	20,560	2,740	3,855	39.50	110(62)	東急車輌	TS104	2,000		DMH-17B1 / DMH-17BX	180/1,500	TC-2
キハ751	752	常総	20,560	2,740	3,855	39.50	110(62)	東急車輌	TS104	2,000		DMH-17B / DMH17	160/1,500	TC-2
キハ753	753	常総	20,560	2,740	3,855	38.50	110(62)	東急車輌	TS104A	2,000		DMH-17B×2	180/1,500	TC-2
キハ753	754	常総	20,560	2,740	3,855	38.50	110(62)	東急車輌	TS104B	2,000		DMH-17 / DMH-17B	150/1,500 / 180/1,500	TC-2
キハ755	755	常総	21,300	2,853	3,925	32.50	140(57)	帝国車輌	DT22A	2,100		DMH-17B×2	180/1,500	TC-2
キハ760	761,762	筑波	20,000	2,915	3,885	32.00	120(68)	新潟鉄工	NH38(TR29)	2,000		DMH-17BX	180/1,500	DF-11
キハ760	763	筑波	20,000	2,915	3,885	32.00	120(68)	新潟鉄工	NH38(TR29)	2,000		DMH-17B1	180/1,500	DF-11
キハ800	801,802,803	常総	20,100	2,860	3,795	30.00	120(58)	日車支店	NA305・NA305T	2,100		DMH-17H	180/1,500	TC-2
キハ800	804,805	筑波→常総	20,100	2,860	3,795	30.00	120(58)	日車支店	NA305・NA305T	2,100		DMH-17	180/1,500	TC-2
キハ810	811,812	筑波	20,000	2,915	3,885	32.00	120(68)	新潟鉄工	NP1A・NP2A (DT22A・TR51A系)	2,100		DMH-17C	180/1,500	DF-11
キハ813	813	常総	20,000	2,915	3,885	30.50	120(72)	新潟鉄工	NP1AB・NP2AB (DT22C・TR51B系)	2,100		DMH-17BX	180/1,500	TC-2
キハ900	901,902	常総	20,100	2,863	3,883	30.00	140(66)	日車支店	NA305・NA305T	2,100		DMH-17H	180/1,500	TC-2
キハ40084	40084	筑波	15,500	2,780	3,880	22.30	100(44)		菱枠型	1,800		DMF-13C	120/1,500	DB-10
キハ40084	40085	筑波→常総	15,500	2,780	3,880	22.30	100(44)		菱枠型	1,800	日野	DA-54	96/1,400	機械式
キハ40086	40086	常総	15,850	2,700	3,805	22.00	100(44)		軸バネ式	2,150	日野	DA-54	94/1400	機械式
キハ40400	40401	鉾田	14,056	2,720	3,740	18.00	88(50)		菱枠型	1,500/ 750+1,150*	三菱ふそう	DB-7L	105/1,500	機械式
キハ40400	40402	鉾田→竜ヶ崎	12,356	2,720	3,740	15.00	84(48)		菱枠型	1,500	三菱ふそう	DB-7L	105/1,500	機械式

車両履歴									備考
製造所	製造年月	改造所	改造年月	改造内容	入籍年月	前所有	旧番号	廃車年月	
日車支店	S34.10	自社工場	S51.03	機関換装 DS-40B2→・変速機変更	S34.09			S62.05	
日車支店	S34.10	自社工場	S51.03	機関換装 DS-40B2→・変速機変更	S34.09			S62.05	旧番号 キハ501,502→キハ504,505(S34.09)
大鉄車輌	S38.07	自社工場	S47.01 S51.04	後部標識灯増設 エンジン換装 DA59→	S44.12	江若鉄道	キハ5120	S56.05	江若鉄道 キハ30→キハ5120(S41.04)→廃車(S44.11) ⇒キハ5120(S44.12)→キハ511(S47.09) ⇒筑波鉄道 キハ511→廃車(S62.02)
日車本店	S12.08	自社工場 大栄車輌*	S46.07 S47.11 S50.09	ワンマン化改造 ロングシート化 *車体新製	S44.12	江若鉄道	キハ5121	H09.03	国鉄 キハ42054→キハ18(S23.03) ⇒江若鉄道 キハ18(S28.12) →キハ5121(S41.03→廃車(S44.11) ⇒キハ5121(S44.12)→キハ521(S46.07)→
日車本店	S11.03	自社工場 大栄車輌	S46.07 S50.10	ワンマン化改造 車体新製	S44.12	江若鉄道	キハ5122	H09.03	国鉄 キハ42017→廃車(S24.09) ⇒長門鉄道 キハ11(S26.09) ⇒江若鉄道 キハ19(S31.05)→キハ5122(S40.12) →廃車(S44.11)⇒キハ5122(S44.12) →キハ522(S46.07)→
川崎車輌	S06.09	自社工場 大栄車輌	S46.07 S51.12	ワンマン化改造 車体新製	S44.12	江若鉄道	キハ5123	H13.04	江若鉄道 キニ6→キハ5123(S40.02)→廃車(S44.11) 旧番号 キハ5123(S44.12)→キハ531(S46.07)→
日車本店	S32.08	自社工場	S49.01	エンジン換装	S47.07	北陸鉄道	キハ5301*	S60.07	*北陸鉄道 コハフ5301→キハ5301(S38.10) →廃車(S47.06)⇒キハ541
川崎車輌	S11.02	大栄車輌	S49.08	片運転台改造・中央扉拡幅両開化 非運転台側切欠貫通化・ステップ 撤去ロングシート化	S48.03	加越能鉄道	キハ162	S63.03	国鉄 キハ42023→キハ42202(S25.05) →キハ42523(S26.12)→キハ42(S34.02) →廃車(S37.06)⇒江若鉄道 キハ24(S39.06) →キハ5120(S40.06)→加越能鉄道 キハ162(S41.11) →廃車(S47.09)→キハ551(S49.11)→
川崎車輌	S11.10	自社工場 西武所沢	S45.10*1 S47.10	*1蛍光灯化 総括制御化・片運転台化改造 切折妻化乗務員扉新設 中央扉両開化	S40.03	国鉄	キハ0729*2	H19.03	*2キハ42032→キハ42205(S25.05) →キハ42528(S27.01)→キハ0729(S32.04) →廃車(S39.03)→旧番号 キハ42503(S40.03) →キハ601(S47.12)
鉄道省 大宮工場	S12.03	自社工場 西武所沢	S42.10*1 S47.10	*液体式変速機取付 総括制御化・片運転台化改造 切折妻化・乗務員扉新設 中央扉両開化	S42.05	国鉄	キハ0732*	H19.03	*キハ42036→キハ42207(S25.05) →キハ42531(S26.12)→キハ0732(S32.04) →廃車(S41.02)→キハ42504(S42.05) →キハ602(S47.12)
新潟鉄工	S27.10	西武所沢	S48.04	総括制御化・片運転台化改造 切折妻化・乗務員扉新設 中央扉両開化	S47.10	加越能鉄道	キハ173	S63.03	国鉄 キハ42605→キハ07106(S34.02) →廃車(S41.06)⇒加越能鉄道 キハ173(S42.12) →廃車(S47.09) ⇒キハ707*(S50.03) →キハ611(S49.02)→ *書類上
川崎車輌	S11.03	自社工場 西武所沢	S45.10*1 S48.04	*1蛍光灯化 総括制御化・片運転台化改造 切折妻化・乗務員扉新設中央扉 両開化	S39.11	国鉄	キハ0726*2	S63.03	*2キハ42027→キハ42213(S25.09) →キハ42525(S27.01)→キハ0726(S32.04) →廃車(S39.03)→旧番号 キハ42502(S39.11) →キハ612(S49.02)→
鉄道省 大宮工場	S12.03	自社工場 西武所沢	S42.10*1 S49.12	*液体式変速機取付 総括制御化・片運転台化・切折妻化 中央扉両開化・ステップ撤去裾線化	S40.02	国鉄	キハ0735*2	S63.03	*2キハ42040→キハ42534(S27.03) →キハ0735(S34.02)→廃車(S39.03) ⇒旧番号 キハ42002→キハ705(S40.03) →キハ613(S50.01)→
鉄道省 大宮工場	S12.02	西武所沢	S50.03	総括制御化・片運転台化・ 切折妻化 中央扉両開化ステップ撤去裾直 線化	S47.11	北陸鉄道	キハ5251	S63.09	国鉄 キハ42034→キハ42206(S25.05) →キハ42530(S27.02)→キハ0731(S32.04)→廃車(S38.02) →キハ5251(S40.04)→廃車(S47.06) ⇒旧番号 キハ706*(S47.11)→キハ614(S50.04)→ *書類上
川崎車輌	S11.10	自社工場 大栄車両	S42.12*1 S49.12	*1液体変速機取付・ロングシート化 片運転台化・切折妻化・貫通化中央 扉両開化・ステップ撤去裾直線化	S39.02	国鉄	キハ0730*2	S60.01	*2キハ42033→キハ42214(S25.09) →キハ42529(S26.12)→キハ0730(S32.04) →廃車(S38.02)→旧番号 キハ42501(S39.04) →キハ615(S50.04)→
川崎車輌	S11.04	日国工業 自社工場	S26.05 S42.06	正面切妻2枚窓改造	S26.08	国鉄	キハ2	S51.07	東京横浜電鉄 キハ2→五日市鉄道 キハ2(S14.03) →南武鉄道 キハ2(S15.10)→買収 キハ2(S19.04) →キハ42201(S26.08) →キハ651(S42.09)→
日車支店	S32.05	自社工場 大栄車輌	S37.09 S50.07	総括制御化 中央扉両開化・ステップ撤去	S32.06			H01.02	旧番号 キハ48001,02→キハ701,02(S39.01)
日車支店	S30.03	日車支店 日本電装	S40.01 S50.06	片運化・ステップ撤去 裾直線化 中央扉両開改造・乗務員室扉新設	S30.03			S63.09	旧番号 キハ42002→キハ703(S40.01)
日車本店	S10.12	日車支店 日本電装	S40.01 S50.07	片運化・前妻面2枚窓化・裾直線化 中央扉両開改造・乗務員室扉新設	S26.12	国鉄	キハ42004	H01.02	廃車(24.09)⇒旧番号 キハ42001(S40.01) →キハ704(S40.06)
新潟鉄工	S33.01				S47.08	三井芦別鉄道	キハ101	H04.12*	⇒キハ711,712,713→ * キハ713 H03.12
新潟鉄工	S28.08	日本電装	S51.01 S55.08	半自動車化・扇風機取付 車体更新・乗務員室扉増設	S51.01	夕張鉄道	キハ251	H19.03	⇒キハ714→
新潟鉄工	S31.11	日本電装	S51.01 S53.11	半自動車化・扇風機取付 車体更新・乗務員室扉増設	S51.01	夕張鉄道	キハ254	H05.02	⇒キハ715→
富士重工	S39.05	大栄車輌	S49.06	片運化・非運転台側側壁貫通化 ステップ撤去裾直線化・中央扉両開化	S48.03	加越能鉄道	キハ187	H01.08	⇒キハ721(S49.07)→
東急車輌	S30.08	日車支店	S43.12	車体改造 三扉化(新設扉外吊) WC撤去・ロングシート化	S43.12	小田急電鉄	キハ5001	S63.03	廃車(S43.07)⇒キハ751
東急車輌	S30.08	日車支店	S43.12	車体改造 三扉化(新設扉外吊) WC撤去・ロングシート化	S43.12	小田急電鉄	キハ5002	S63.09	廃車(S43.07)⇒キハ752
東急車輌	S31.06	日車支店	S43.12	車体改造 三扉化(新設扉外吊) WC撤去・ロングシート化	S43.12	小田急電鉄	キハ5101	S63.03	廃車(S43.07)⇒キハ753→
東急車輌	S34.05	日車支店	S43.12	車体改造 三扉化(新設扉外吊) WC撤去・ロングシート化	S43.12	小田急電鉄	キハ5102	S62.09	廃車(S43.07)⇒キハ754→
帝国車輌	S37.02	西武所沢	S48.12	四扉化改造・新設中央両開扉 洗面所撤去・ロングシート化	S49.03	南海鉄道	キハ5505	H01.02	廃車(S48.07)⇒キハ755(S50.01)→
新潟鉄工	S32.07	自社工場	S45.12 S46.02	洗面所撤去 エンジン換装 一部ロングシート化	S45.12	雄別鉄道	キハ49200Y1,Y2	S62.04	廃車(S45.10)⇒キハ761,762→
新潟鉄工	S32.07	自社工場	S45.12 S46.02	洗面所撤去 エンジン換装 一部ロングシート化	S45.12	雄別鉄道	キハ49200Y3	S62.04	廃車(S45.10)⇒キハ763→
日車支店	S36.10	自社工場	S39.06	ロングシート化	S36.10			H02.09*	*キハ801 H02.05
日車支店	S36.10	自社工場	S39.06	ロングシート化	S36.10			H02.05	
新潟鉄工	S37.04,12	自社工場	S46.05	便所撤去・座席改造	S45.12	雄別鉄道	キハ104,105	S62.04*	廃車(S45.10)⇒キハ811,812→ *キハ812 S61.09
新潟鉄工	S44.07	自社工場	S46.07 S54.05	便所撤去・空制装置改造 ロングシート化	S45.12	雄別鉄道	キハ106	H01.08	廃車(S45.10)⇒キハ813→
	S38.02				S38.01			H07.03	
木南車輌	S15.01	日車支店	S33.07	台車変更 Brill27GE-1→	S23.--	運輸省	クハ213	S47.05	南武鉄道 クハ213⇒買収(S19.04)→借入使用 →クハ201(S25.10)→キハ83(S28.09) →キハ40084→
木南車輌	S15.01	日車支店	S33.07	台車変更 Brill27GE-1→	S23.--	運輸省	クハ214	S47.05	南武鉄道 クハ214⇒買収(S19.04)→借入使用 →クハ202(S25.10)→キハ84(S28.09) →キハ40085→
日本鉄道自動車	S18.09	自社工場	S29.02	ディーゼル化	S18.09			S47.05	旧番号 ホハブ551→キハ40086(S29.02)→
日車本店	S09.06 S09.09	日車支店 自社工場	S27.-- S46.--	気動車化 エンジン撤去客車代用	S23.07	運輸省	キハユ40900	S47.05	芸備鉄道 キハ16→キハユ16(S12.--) ⇒買収(S12.07) キハユ40900→廃車(S18.10) ⇒第一海軍航空工廠(荒川沖・阿見)工員輸送 ⇒ホハフ401(S23.07)→キハ40401(S27.--)→ *偏心台車
日車本店	S06.11	日車支店 自社工場	S27.-- S46.--	気動車化 エンジン撤去客車代用	S23.07	運輸省	キハ40307	S45.08	阿南鉄道 キハ201⇒買収(S11.07) キハ40510 →キハ40307(S12.10)→廃車(S18.10) ⇒第一海軍航空工廠(荒川沖・阿見)工員輸送 ⇒旧番号 ホハフ402(S23.07)→キハ40402(S27.--)→

141

形式	番号	使用線区	車体寸法 最大長	最大幅	最大高	自重	定員(座席)	製造所	台車	軸距	内燃機関 製造所	形式	連続出力	変速機
キハ41000	41001	常総→筑波	16,920	2,650	3,960	21.30	109(62)		TR26	1,800		DMF-13B	120/1,500	TC-2
キハ41000	41003	常総→筑波	16,920	2,650	3,960	21.30	109(62)		TR26	1,800		DMF-13C	120/1,500	TC-2
キハ41000	41004	常総→筑波	16,920	2,650	3,960	21.30	109(62)		TR26	1,800		DMF-13B	120/1,500	TC-2
キハ41005	41007	筑波→鉾田	16,220	2,730	3,760	22.70	109(62)		TR26	1,800		DMF-13B	120/1,500	TC-2
キハ41020	41021	常総	16,590	2,708	3,650	20.30	110(52)		TR26	1,800		DMF-13B	120/1,500	TC-2
キハ41300	41301	鉾田→竜ヶ崎→鉾田→竜ヶ崎→鉾田	16,400	2,730	3,750	22.83	109(58)		TR26	1,800		DMF-13B	120/1,500	機械式
キハ41300	41302	竜ヶ崎→筑波	15,500	2,730	3,750	22.30	109(56)		TR26	1,800		DMF-13C	120/1,500	DB-100
キハ41300	41303	竜ヶ崎→鉾田	16,220	2,720	3,655	22.72	89(62)		TR26	1,800	三菱ふそう	DB-31L	150/2,200	機械式
キハ42200	42202	鉾田	17,916	2,700	3,680	24.00	116(52)		TR29	2,000		DB-31A	120/1,500	機械式
キクハ1	1	常総→筑波	17,010	2,720	3,770	28.00	120(46)		TR11A	2,450				
キクハ1	2,3,4	常総	17,010	2,720	3,770	28.00	120(46)		TR11A	2,450				
キクハ10	11	常総→筑波	16,990	2,740	3,770	21.00	110(50)		TR29	2,000				
キサハ50	50	常総→筑波	13,000	2,750	3,610	13.34	100(42)		軸バネ式	1,800				
キサハ51	51	常総	12,500	2,620	3,705	14.00	80(38)		菱枠型	1,500				
キサハ51	52	常総→筑波→常総	12,500	2,620	3,705	14.00	80(38)		菱枠型	1,500				
キサハ54	54	常総→筑波→常総	12,120	2,720	3,670	13.50	86(40)		菱枠型	1,500				機械式
キサハ55	55	常総→筑波→常総	13,120	2,600	3,570	15.18	90(45)		菱枠型	1,500/750+1,150*				
キサハ60	61	常総	16,100	2,700	3,475	18.00	107(63)		TR26	1,800				
キサハ65	65,66,67	常総	17,010	2,720	3,770	25.00	120(52)		TR11A	2,450				
キサハ70	71	竜ヶ崎→常総→筑波	18,290	2,725	3,680	21.50	124(80)	川崎車輌	TR26	1,800				
キサハ41800	41801	竜ヶ崎→常総	16,220	2,720	3,655	18.20	120(58)		TR26	1,800				

(蒸気機関車)

線区	形式	番号	軸配置	気筒径×行程 mm	実用最高気圧 kg/cm²	運転整備重量 t on	最大長 mm	最大幅 mm	最大高 mm	動輪直径 mm
常総	A1	3		381×508	11.20	39.00	10,033	2718	3493	1,118
筑波	5	7	1C1	381×559	12.60	44.70	8,877	2,654	3,657	1,016
常総	A8	8	1C1	406×559	11.20	47.50	11,285	2,616	3,660	1,120
常総	A8	9	1C1	406×559	11.20	47.50	11,285	2,616	3,660	1,120
竜ヶ崎	4	4	C	280×457	12.24	20.80	7,758	2,388	3,400	940
鉾田	3	3	C	379×440	11.30	35.90	9,566	2,520	3,620	1,120
鉾田		4	C	379×440	11.30	35.90	9,566	2,520	3,620	1,120
鉾田→竜ヶ崎(S26.07)	5	5	C1	330×451	12.66	29.97	8,312	2,642	3,454	914
鉾田	6	6	1B1	368×508	10.00	39.71	9,820	2,286	3,672	1,400
常総	51	51	1C1	400×610	14.00	49.00	11,350	2,932	3,914	1,600

(内燃機関車)

線区	形式	記号番号	軸配置	運転整備重量 t on	最大長 mm	最大幅 mm	最大高 mm	内燃機関 製造所	形式	連続出力/回転数
常総→竜ケ(S40.12)	DB11	DB11	B	20.00	6,750	2,636	3,655		DMH-17	150/1,500
筑波→竜ケ(S44.06)	DC201	DC201	C	20.70	7,350	2,560	3,546	新三菱重工	DE-4	220/1,400
常総→筑波	DD501	DD501	B-B	39.71	11,850	2,740	3,882	新三菱重工	DE×2	225/1,400
筑波	DC202	DC202	C	20.70	7,350	2,560	3,546	新三菱重工	DE-4L	280/1,400
常総	DD502	DD502	B-B	36.00	11,000	2,720	3,855	振興造機	DMF31B*	500/1,500
常総→鉾田(S49.01)	DD900	DD901	B-B	51.60	14,050	2,724	4,022	振興造機	DMF36S×2*	450/1,500
鉾田→筑波(S44.06)	DC35	DC351	C	35.00	8,150	2,720	3,781	新三菱重工	DL2L	460/1,800
鉾田	DD45	DD451	D	45.00	9,800	2,734	3,690	新三菱重工	DL2L×2	460/1,800
鉾田	DD902	DD902	B-B	50.00	13,600	2,805	3,848	新潟鐵工	DMF31SB×2	500/1,500

車両履歴

製造所	製造年月	改造所	改造年月	改造内容	入籍年月	前所有	旧番号	廃車年月	備考
川崎車輌	S10.08	自社工場	S38.12	エンジン換装 DA-54→	S25.07	国鉄	キハ41122*	S51.07	*廃車(S24.09)⇒キハ41001(S25.07)→
鉄道省 大宮工場	S09.10	自社工場	S38.12	液体式変速機取付・エンジン換装	S25.07	国鉄	キハ41086*	S51.07	*廃車(S24.09)⇒キハ41003(S25.07)→
鉄道省 鷹取工場	S09.11	自社工場	S38.12	エンジン換装 DA-54→	S25.07	国鉄	キハ41089*	S51.07	*廃車(S24.09)⇒キハ41004(S25.07)→
鉄道省 鷹取工場	S09.03				S37.10	国鉄	キハ0547*	S51.07	*キハ41064→キハ41540(S26.05)→キハ41446(S32.07)→キハ0547(S32.04)→廃車(S37.02)⇒キハ41007(S37.10)
汽車支店	S08.08	日車支店	S27.06	車体新製	S27.05	国鉄	キハ40320	S51.07	北九州鉄道 ジハ20→買収(S12.10)キハ40650→40320(S15.03)→廃車(S19.01)⇒キハ41021→
鉄道省 大井工場	S09.03	自社工場	S41.09	座席改造	S33.05	国鉄	キハ04 7*	S51.07	*キハ41053→キハ41206(S24.08)→キハ41306(S27.11)→キハ04 7(S32.04)→廃車(S33.02)⇒キハ41301
川崎車輌	S09.03	自社工場	S46.10	ワンマン化改造	S35.03	国鉄	キハ0436*	S57.01	*キハ41070→キハ41559(S27.02)→キハ41335(S30.03)→キハ0436(S32.04)→キハ304(S44.04)→キハ41302(S35.03)→
鉄道省 大宮工場	S10.10	日車支店	S37.03	更新修繕(エンジン搭載DC化)	S37.09	国鉄	キハ0418*	S51.07	*キハ41126→キハ41509(S25.05)→キハ41317(S28.12)→キハ0418(S32.04)→入線 S37.04→キハ41300→
川崎車輌	S11.05				S26.08	国鉄	キハ8	S51.07	東京横浜電鉄 キハ8⇒五日市鉄道 キハ8(S14.03)⇒南武鉄道 キハ8(S15.10)⇒買収 キハ8(S19.04)→廃車(S24.09)⇒キハ42202(S26.08)→
日車支店	S27.11	自社工場	S45.03	制御回路・空制回路変更 貫通路狭幅化	S44.11	小田急電鉄	クハ1655	S60.01	車両設計認可
東急車輌*1	S33.02*2	自社工場	S44.12 S45.03	制御回路・空制回路変更 貫通路狭幅化	S44.11,12	小田急電鉄	クハ1651 クハ1652,53	S60.01 S59.01	*1クハ1651,52 帝国車輌 S16.-- クハ1653 東京工業 S16.08 *2クハ1652/クハ1653 S33.07/クハ1651 S33.10
日車支店	S32.11	自社工場	S45.04	制御客車化・自動扉化	S32.10			S61.12	旧番号 ホハ1001→キサハ53(S33.04)→キサハ511(S35.10)→キクハ11(S45.04)→車両後 筑波鉄道移籍
小島栄次郎*1	S07.09*2	自社工場	S38.10	付随客車化	S19.02	運輸通信省	キハ40302	S45.08	新宮鉄道 キハ203⇒買収(S07.09) キハ203→キハ40302(S-.-..-)→廃車(S17.03)⇒キホハ63(S18.09)→キハ31(S31.02)→キサハ50(S38.10)→ *1名義 松井車輌製作所 *2S06.11
新潟鉄工	S07.01				S07.01			S45.08	旧番号 キホハ51→コハ51(S29.12)→キサハ51(S34.04)→
新潟鉄工	S07.01	自社工場	S31.08	付随客車化(乗務員扉撤去)	S07.01			S45.08	旧番号 キホハ52→キハ313(S31.02)→コハ52(S31.08)→キサハ52(S34.04)→
日車支店	S11.06		S35.08	付随客車化	S11.06			S41.08	旧番号 キホハ62→キハ62(S31.03)→キサハ54(S35.08)→
日車本店	S16.09	宇都宮車輌	S29.02 S37.01	ディーゼル化 エンジン撤去(付随客車状態)	S26.12	国鉄	キハ40810	S45.08	播丹鉄道 キハ520→買収(S18.06)キハ40810→廃車(S24.09)→旧番号 キハ64(S26.12)→キハ304(S31.03)→キサハ55(S38.11)→ *偏心台車
鉄道省 大宮工場	S10.09	日車支店	S37.07	付随客車化*1	S25.07	国鉄	キハ41124*2	S52.03	*廃車(S24.09)→旧番号 キハ41002 宇都宮車輌 更新(S25.07)→キサハ61(S37.07)→ *1 事故復旧
東急車輌*1	S28.04	西武所沢*2	S48.05- S48.10	運転室撤去・引通し回路変更	*3S48.04	小田急電鉄	クハ 1660,56,54	S58.01*4	*1クハ1656 日車支店(S28.04) クハ1654 日車支店(S27.11) *2 キサハ65 水海道工改造 新製車扱い *3S45.08購入 **キサハ66 S59.01
川崎車輌	S10.04	大鉄車輌	S40.12	中間車化改造	S38.12	江若鉄道	ハ5010	S49.03	江若鉄道 キニ10→ハニ10(S38.02)→ハ5010(S41.03)→廃車(S44.11)⇒ハ5010(S44.12)→キサハ71(S47.10)→
日車本店	S08.03	日車支店*1	S38.12 S44.05	更新修繕 室内灯蛍光灯化	S38.12	国鉄	キハ0423*2	S54.03	*2キハ36917→キハ41017→キハ41502(S25.05)→キハ41322(S29.05)→キハ0423(S32.04)→廃車(S37.03)⇒キサハ41801→ *1現車製造銘板 昭和9年新潟鉄工所

車両履歴

製造所	製造年月	使用開始年月	前所有	旧番号	廃車年月	備考
ボールドウィン	T09.11	T10.--			S31.--	旧番号8→3(S11.--) 茨城交通湊線譲渡(S32.01)
汽車會社	T13.05	T13.05			S39.--	
汽車會社	T13.12	T13.12			S44.08	
汽車會社	T13.12	T13.12			S33.--	
川崎造船兵庫	T14.07	T14.--			S46.10	
クラウス	M28.11	S03.03	鉄道省	1403	S38.10	九州鉄道 35→国有化(M40.07) 35→1403(M42.10) 廃車 T13.05
クラウス	M29.03	S03.03	鉄道省	1412	S46.10	九州鉄道 44→国有化(M40.07) 44→1412(M42.10) 廃車 T13.05
日車本店	T10.06	S14.06	東武鉄道	58	S46.10	宇都宮石材軌道2→東武鉄道 58(S14.06) 廃車 S14.01
ナスミス・ウィルソン	M31.--	S17.06	鉄道省	877	S41.04	関西鉄道 51→国有化(M40.10)877→877(M42.10) S15.12借入認可
日車本店	S17.06	S18.08			S39.12	

車両履歴

変速機	製造所	製造年月	使用開始年月	前所有	旧番号	廃車年月	備考
機械式	東急車輌	S28.04	S28.05			S47.12	霞ヶ浦通運譲渡
機械式	新三菱重工三原	S28.07	S28.07			S49.03	
機械式	新三菱重工三原	S29.04	S29.06			S62.04	
機械式	新三菱重工三原	S30.06	S30.07			S56.11	
DB-138	日車本店	S31.06	S31.06				*S46.-- 機関・変速機 交換 DMFS36B→
DB-138	日車本店	S30.09	S33.08	国鉄*	DD421	S63.03	*S46.11機関交換 *借入名古屋機関区配置
機械式	新三菱重工三原	S33.12	S34.--			S49.03	
DB-138	新三菱重工三原	S34.12	S39.03	片上鉄道*		S49.12	八戸通運譲渡 *貸与使用
DB-138	日車本店	S43.07	S43.08			H19.02	日本製鋼所室蘭製作所譲渡

【著者プロフィール】
高井薫平（たかいくんぺい）
1937年生まれ、慶應義塾大学法学部1960年卒。地方私鉄行脚は1953年の静岡鉄道駿遠線が最初だった。鉄道研究会活動は中学時からだが当時は模型専門、高校に進学以来、鉄研に属して今日に至る。1960年から鉄道車両部品メーカーに勤務、日本鉄道車両工業会理事、日本鉄道輸出組合監事（現日本鉄道システム輸出組合）、退任後は日本鉄道車両工業会参与、鉄研三田会5代会長、鉄道友の会BL賞選考委員長、島秀雄作品賞選考委員長、東京支部長などを経て現在は鉄道友の会参与、著作に「軽便追想」RMライブラリ「東野鉄道」「上武鉄道」「福島交通軌道線」「弘南鉄道」「熊本電鉄（共著）」「鹿児島交通（共著）」以上、ネコパブリッシング、「小型蒸気機関車全記録」講談社など。

【執筆・編集協力者】
矢崎康雄（やざきやすお）
慶應義塾大学商学部1971年卒、学生時代から聞けば何でも知って居る重宝な人、都電とともに幼少期を過ごしたせいか、どちらかといえば、市電ファンでヨーロッパのほとんどの都市にトラムを見に行った。かつて三田会が編集した朝日新聞社の「世界の鉄道」では外国の部分の解説をほとんど一人で担当した。本書では「ことば解説」「駅や空撮の解説」「会社の統合分離図」を担当してもらった。

亀井秀夫（かめいひでお）
慶應義塾大学法学部1973年卒。学生時代から私鉄ファンで車両データや車両史にも詳しい。鉄道車両部品メーカーに勤務し、営業・企画を長く担当していた。本誌の諸元表作成には彼のコレクションが威力を発揮した。朝日新聞の「世界の鉄道」でも諸元表まとめの主要メンバーであった。現在、鉄道友の会理事（BL賞担当）、日本鉄道車両工業会参与を務める。

【写真提供者】
竹中泰彦（たけなかやすひこ）
慶應義塾大学工学部1958年卒、筆者の2年先輩の鉄研三田会会員、1953年高校1年の春に出会ってから、筆者の師匠のような存在。地方鉄道探訪の楽しさを教えてくれた。東京近郊の工場専用線にも足しげく通った。鉄研仲間では最初に北海道の蒸機を訪ねたほか、東武鉄道伊香保電車や草軽電鉄にも出向いた。

田尻弘行（たじりひろゆき）
慶應義塾大学工学部1960年卒、熊本出身で出会ったのは学部1年の時、たまたま趣味の対象がよく似ていたので、2008年に逝去するまで連れ立って私鉄巡りを続けた。著書にRMライブラリ「熊延鉄道」「山鹿温泉鉄道」「宮崎交通」「大年分交通別大線」「熊本電鉄（共著）」「鹿児島交通（共著）」など多数、島原鉄道を準備中だった。
海外には奥様同道でよく出かけていたが、その一つでタスマニアの博物館になくなった市電の復元車体があり、足回りを探しているという話から、台車を名鉄から譲り受けてタスマニアに送り、現地で何十年ぶりに電車が走ったエピソードもある電車ファンだった。

【写真提供等でご協力頂いた皆様】 大谷正春、荻原二郎、宮田寛之、小川峯生、荻原俊夫、堀川正弘、寺田裕一

昭和30年代〜50年代の地方私鉄を歩く 第6巻
常磐線に沿って(1)
関東鉄道(常総筑波鉄道、鹿島参宮鉄道)

2020年12月5日　第1刷発行
2021年2月5日　第2刷発行

著　者……………………髙井薫平
発行人……………………高山和彦
発行所……………………株式会社フォト・パブリッシング
　　　　　　　　　　〒161-0032　東京都新宿区中落合2-12-26
　　　　　　　　　　TEL.03-6914-0121　FAX.03-5955-8101
発売元……………………株式会社メディアパル（共同出版者・流通責任者）
　　　　　　　　　　〒162-8710　東京都新宿区東五軒町6-24
　　　　　　　　　　TEL.03-5261-1171　FAX.03-3235-4645
デザイン・DTP ………柏倉栄治（装丁・本文とも）
印刷所……………………新星社西川印刷株式会社

ISBN978-4-8021-3216-9 C0026

本書の内容についてのお問い合わせは、上記の発行元（フォト・パブリッシング）編集部宛ての
Eメール（henshuubu@photo-pub.co.jp）または郵送・ファックスによる書面にてお願いいたします。